EUROPAVERLAG

Thomas Mann

VOM ZUKÜNFTIGEN SIEG DER DEMOKRATIE

Drei Essays

Mit einem Nachwort von
Matthias Wegner

EUROPAVERLAG

INHALT

BRIEFWECHSEL MIT BONN

Philosophische Fakultät
der Rheinischen
Friedrich-Wilhelms-Universität
—
J.-Nr. 58

BONN, den 19. Dezember 1936.

Im Einverständnis mit dem Herrn Rektor der Universität Bonn muß ich Ihnen mitteilen, daß die Philosophische Fakultät sich nach Ihrer Ausbürgerung genötigt gesehen hat, Sie aus der Liste der Ehrendoktoren zu streichen. Ihr Recht, diesen Titel zu führen, ist gemäß Art. VIII unserer Promotionsordnung erloschen.

(Unleserlich)
Dekan

Herrn Schriftsteller Thomas Mann!

An den Herrn Dekan der Philosophischen Fakultät der Universität Bonn.

Sehr geehrter Herr Dekan,

ich habe die trübselige Mitteilung erhalten, die Sie unterm 19. Dezember an mich gerichtet haben. Erlauben Sie mir, Ihnen folgendes darauf zu erwidern:

Die schwere Mitschuld an allem gegenwärtigen Unglück, welche die deutschen Universitäten auf sich geladen haben, indem sie aus schrecklichem Mißverstehen der historischen Stunde sich zum Nährboden der verworfenen Mächte machten, die Deutschland moralisch, kulturell und wirtschaftlich verwüsten, – diese Mitschuld hatte mir die Freude an der mir einst verliehenen akademischen Würde längst verleidet und mich gehindert, noch irgendwelchen Gebrauch davon zu machen. Den Ehrentitel eines Doktors der Philosophie führe ich auch heute, da die Harvard-Universität ihn mir aufs neue verliehen hat, und zwar mit einer Begründung, die ich Ihnen, Herr Dekan, nicht vorenthalten möchte.

Aus dem Lateinischen ins Deutsche übersetzt, lautet das Dokument: »... haben wir Rektor und Senat unter dem Beifall der ehrenwerten Universitätsinspektoren in feierlicher Sitzung Thomas Mann, den weitberühmten Schriftsteller, welcher, indem er vielen unserer Mitbürger das Leben deutete, *zusammen mit ganz wenigen Zeitgenossen die hohe Würde der deutschen Kultur bewahrt*, zum Doktor der Philosophie ehrenhalber ernannt und ausgerufen und ihm alle Rechte und Ehren, welche mit diesem Grade verbunden sind, verliehen.«

So sonderbar der aktuellen deutschen Auffassung widersprechend malt sich meine Existenz in den Köpfen freier und gebildeter Männer jenseits des Meeres – und, ich darf es hinzufügen, nicht nur dort. Nie wäre es mir in den Sinn gekommen, mit den Worten jenes Schriftstücks zu prahlen; heute und hier aber darf, ja muß ich sie anführen; und wenn Sie, Herr Dekan (ich kenne die Gepflogenheiten nicht), die an mich gerichtete Mitteilung am Schwarzen Brett Ihrer Universität sollten haben anschlagen lassen, so müßte ich wahrhaftig wünschen, daß auch dieser meiner Entgegnung solche Ehre zuteil würde: vielleicht daß manchen akademischen Bürger, Student oder Professor, doch ein nachdenkliches Stutzen, ein rasch unterdrückter, ahnungsvoller Schrecken ankäme bei einer Lektüre, die einem flüchtigen Blick aus bösartig erzwungener Abgeschlossenheit und Unwissenheit in die freie geistige Welt gleichkommen würde.

Hier könnte ich schließen. Und doch wollen in diesem

Augenblick einige weitere Erklärungen mir wünschenswert oder doch statthaft scheinen. Zu meiner staatsrechtlichen »Ausbürgerung« habe ich, trotz mancher Anfrage, geschwiegen; die akademische darf ich als schickliche Gelegenheit betrachten zu einem knappen persönlichen Bekenntnis, – wobei Sie, Herr Dekan, den ich nicht einmal dem Namen nach kenne, sich nur als den Zufallsadressaten dieser Ihnen kaum zugedachten Aeußerung betrachten wollen.

In diesen vier Jahren eines Exils, das freiwillig zu nennen wohl eine Beschönigung wäre, da ich, in Deutschland verblieben oder dorthin zurückgekehrt, wahrscheinlich nicht mehr am Leben wäre, hat die sonderbare Schicksalsirrtümlichkeit meiner Lage nicht aufgehört, mir Gedanken zu machen. Ich habe es mir nicht träumen lassen, es ist mir nicht an der Wiege gesungen worden, daß ich meine höheren Tage als Emigrant, zu Hause enteignet und verfemt, in tief notwendigem politischem Protest verbringen würde. Seit ich ins geistige Leben eintrat, habe ich mich in glücklichem Einvernehmen mit den seelischen Anlagen meiner Nation, in ihren geistigen Traditionen sicher geborgen gefühlt. Ich bin weit eher zum Repräsentanten geboren als zum Märtyrer, weit eher dazu, ein wenig höhere Heiterkeit in die Welt zu tragen, als den Kampf, den Haß zu nähren. Höchst Falsches mußte geschehen, damit sich mein Leben so falsch, so unnatürlich gestaltete. Ich suchte es aufzuhalten nach meinen schwachen Kräften, dies grauenhaft Falsche, – und eben dadurch bereitete ich mir das Los, das ich nun lernen muß, mit meiner ihm eigentlich fremden Natur zu vereinigen.

Gewiß, ich habe die Wut dieser Machthaber herausgefordert nicht erst in den letzten vier Jahren, durch mein Außenbleiben, die ununterdrückbaren Kundgebungen meines Abscheus. Lange vorher schon hatte ich es getan und mußte es tun, weil ich früher als das heute verzweifelte deutsche Bürgertum sah, wer und was da heraufkam. Als Deutschland dann wirklich in diese Hände gefallen war, gedachte ich zu schweigen; ich meinte, mir durch die Opfer, die ich gebracht, das Recht auf ein Schweigen verdient zu haben, das es mir ermöglichen würde, etwas mir herzlich Wichtiges, den Kontakt mit meinem innerdeutschen Publikum aufrecht zu erhalten. Meine Bücher, so sagte ich mir, sind für Deutsche geschrieben, für solche zuerst; die »Welt« und ihre Teilnahme waren mir immer nur ein erfreuliches Akzidens. Sie sind, diese Bücher, das Produkt einer wechselseitigen erzieherischen Verbundenheit von Nation und Autor und rechnen mit Voraussetzungen, die ich selber erst in Deutschland habe schaffen helfen. Das sind zarte und hütenswerte Beziehungen, die plump zu zerreißen man der Politik nicht erlauben soll. Gab es Ungeduldige daheim, die, selbst geknebelt, dem in der Freiheit Lebenden sein Stillschweigen verübeln würden; die große Mehrzahl, durfte ich hoffen, würde meine Zurückhaltung verstehen, ja sie mir danken.

So meine Vorsätze. Sie waren undurchführbar. Ich hätte nicht leben, nicht arbeiten können, ich wäre erstickt, ohne dann und wann zwischenein, wie alte Völker sagten, »mein Herz zu waschen«, ohne von Zeit zu Zeit meinem unergründlichen Abscheu vor dem, was zu Hause in elenden Worten und elenderen Taten geschah, unverhohlenen Ausdruck zu geben. Verdient oder nicht, mein Name hatte sich nun einmal für die Welt mit dem Begriff eines Deutschtums verbunden, das sie liebt und ehrt; daß gerade ich der wüsten Verfälschung klar widerspräche, welche dies Deutschtum jetzt erlitt, war eine in alle freien Kunstträume, denen ich mich so gern überlassen hätte, beunruhigend hineintönende Forderung. Eine Forderung, schwer abzuweisen für einen, dem immer gegeben gewesen war, sich auszudrücken, sich im Wort zu befreien, dem immer Erleben eins gewesen war mit reinigend bewahrender Sprache.

Das Geheimnis der Sprache ist groß; die Verantwortlichkeit für sie und ihre Reinheit ist symbolischer und geistiger Art, sie hat keineswegs nur künstlerischen, sondern allgemein moralischen Sinn, sie ist die Verantwortlichkeit selbst, menschliche Verantwortlichkeit schlechthin, auch die Verantwortung für das eigene Volk, die Reinerhaltung seines Bildes vorm Angesichte der Menschheit, und in ihr wird die Einheit des Menschlichen erlebt, die Ganzheit des humanen Problems, die es niemandem erlaubt, heute am wenigsten, das Geistig-Künstlerische vom Politisch-Sozialen zu trennen und sich gegen dieses im Vornehm-»Kulturellen« zu isolieren; diese wahre Totalität, welche die Humanität selber ist und gegen die verbrecherisch verstieße, wer etwa ein Teilgebiet des Menschlichen, die Politik, den Staat, zu »totalisieren« unternähme.

Ein deutscher Schriftsteller, an Verantwortung gewöhnt durch die Sprache; ein Deutscher, dessen Patriotismus sich – vielleicht naiverweise – in dem Glauben an die *unvergleichliche moralische Wichtigkeit* dessen äußert, was in Deutschland geschieht, – und sollte schweigen, *ganz* schweigen zu all dem unsühnbar Schlechten, was in meinem Lande an Körpern, Seelen und Geistern, an Recht und Wahrheit, an Menschen und an dem Menschen täglich begangen wurde und wird? Zu der furchtbaren Gefahr, die dies menschenverderberische, in unsäglicher Unwissenheit über das, was die Weltglocke geschlagen hat, lebende Regime für den Erdteil bedeutet? Es war nicht möglich. Und so kamen, gegen das Programm, die Aeußerungen, die unvermeidlich Stellung nehmenden Gesten zustande, die nun den absurden und kläglichen Akt meiner nationalen Exkommunikation herbeigeführt haben.

Der einfache Gedanke daran, wer die Menschen sind, denen die erbärmlich – äußerliche Zufallsmacht gegeben ist, mir mein Deutschtum abzusprechen, reicht hin, diesen Akt in seiner ganzen Lächerlichkeit erscheinen zu lassen. Das Reich, Deutschland soll ich beschimpft haben, indem ich mich gegen *sie* bekannte! Sie haben die unglaubwürdige Kühnheit, sich mit Deutschland zu verwechseln! Wo doch vielleicht der Augenblick nicht fern ist, da dem deutschen Volke das Letzte daran gelegen sein wird, nicht mit ihnen verwechselt zu werden.

Wohin haben sie, in noch nicht vier Jahren, Deutschland gebracht? Ruiniert, seelisch und physisch ausgesogen von einer Kriegsaufrüstung, mit der es die ganze Welt bedroht, die ganze Welt aufhält und an der Erfüllung ihrer eigentlichen Aufgaben, ungeheurer und dringender Aufgaben *des Friedens*, hindert; geliebt von niemandem, mit Angst und kalter Abneigung betrachtet von allen, steht es am Rande der wirtschaftlichen Katastrophe, und erschrocken strecken sich die Hände seiner »Feinde« nach ihm aus, um ein so wichtiges Glied der zukünftigen Völkergemeinschaft vom Abgrunde zurückzureißen, ihm zu *helfen*, wenn anders es nur zur Vernunft kommen und sich in die wirklichen Notwendigkeiten der Weltstunde finden will, statt sich irgendeine falschheilige Sagennot zu erträumen. Ja, die Bedrohten und Aufgehaltenen müssen ihm schließlich noch helfen, damit es nicht den Erdteil mit sich reiße und gar in den Krieg ausbreche, auf den es, als auf die ultima ratio, immer noch die Augen gerichtet hält. Die reifen und gebildeten Staaten – wobei ich unter »Bildung« die Bekanntschaft mit der grundlegenden Tatsache verstehe, daß *der Krieg nicht mehr erlaubt* ist – behandeln dies große, gefährdete und alles gefährdende Land oder vielmehr die unmöglichen Führer, denen es in die Hände gefallen, wie Aerzte den Kranken: mit größter Nachsicht und Vorsicht, mit unerschöpflicher, wenn auch nicht gerade ehrenvoller Geduld; jene aber glauben, »Politik«, Macht- und

Hegemonie-Politik gegen sie treiben zu sollen. Das ist ein ungleiches Spiel. Macht einer »Politik«, wo die anderen an Politik gar nicht mehr denken, sondern an *den Frieden*, so fallen ihm vorübergehend gewisse Vorteile zu. Die anachronistische Unwissenheit darüber, daß der Krieg nicht mehr statthaft ist, trägt selbstverständlich eine Weile »Erfolge« ein über die, die es wissen. Aber wehe dem Volk, das, weil es nicht mehr ein noch aus weiß, am Ende wirklich seinen Ausweg in den Gott und Menschen verhaßten Greuel des Krieges suchte! Dies Volk wäre verloren. Es wird geschlagen werden, daß es sich nie wieder erhebt.

Sinn und Zweck des nationalsozialistischen Staatssystems ist einzig der und kann nur dieser sein: das deutsche Volk unter unerbittlicher Ausschaltung, Niederhaltung, Austilgung jeder störenden Gegenregung für den »kommenden Krieg« in Form zu bringen, ein grenzenlos willfähriges, von keinem kritischen Gedanken angekränkeltes, in blinde und fanatische Unwissenheit gebanntes Kriegsinstrument aus ihm zu machen. Einen anderen Sinn und Zweck, eine andere *Entschuldigung* kann dieses System nicht haben; alle Opfer an Freiheit, Recht, Menschenglück, eingerechnet die heimlichen und offenen Verbrechen, die es ohne Bedenken auf sich genommen hat, rechtfertigen sich allein in der Idee der unbedingten Ertüchtigung zum Kriege. Sobald der Gedanke des Krieges dahinfiele, als Zweck seiner selbst, wäre es nichts weiter mehr als Menschheitsschinderei – es wäre vollkommen sinnlos und überflüssig.

Die Wahrheit zu sagen: es *ist* dies beides, sinnlos und überflüssig, – nicht nur, weil man ihm den Krieg nicht erlauben wird, sondern weil es selbst in Ansehung seiner Leitidee, der absoluten und »totalen« Kriegsertüchtigung, das Gegenteil von dem bewirkt, was es anstrebt. Kein Volk der Erde ist heute so wenig in der Verfassung, so ganz und gar untauglich, den Krieg zu bestehen, wie dieses. Daß es keinen Verbündeten haben wird, nicht einen einzigen in der Welt, ist das erste, doch das geringste. Deutschland würde allein sein, furchtbar gewiß immer noch in seiner Verlassenheit; aber diese wäre furchtbarer, denn es wäre eine Verlassenheit auch von sich selbst. Geistig reduziert und erniedrigt, moralisch ausgehöhlt, innerlich zerrissen, in tiefem Mißtrauen gegen seine Führer und alles, was sie durch Jahre mit ihm angestellt, tief unheimlich sich selber, zwar unwissend, aber übler Ahnungen voll, würde es in diesen Krieg gehen – nicht in dem Zustande von 1914, sondern, selbst physisch schon, in dem von siebzehn, von achtzehn. Zehn Prozent unmittelbare Nutznießer des Systems, auch sie schon halb abgefallen, würden nicht hinreichen, einen Krieg zu gewinnen, in welchem die Mehrzahl der andern nur die Gelegenheit sähe, den schändlichen Druck abzuschütteln, der so lange auf ihnen gelastet, – einen Krieg also, der nach der ersten Niederlage in Bürgerkrieg sich verkehren würde.

Nein, dieser Krieg ist unmöglich. Deutschland kann ihn nicht führen, und sind seine Machthaber irgend bei Verstande, so sind die Versicherungen ihrer Friedfertigkeit nicht das, als was sie sie vor ihren Anhängern blinzelnd ausgeben möchten: taktische Lügen, sondern entspringen der scheuen Einsicht in eben diese Unmöglichkeit. Kann und soll aber nicht Krieg sein – wozu dann Räuber und Mörder? Wozu Vereinsamung, Weltfeindschaft, Rechtlosigkeit, geistige Entmündigung, Kulturnacht und jeglicher Mangel? Warum nicht lieber Deutschlands Rückkehr nach Europa, seine Versöhnung mit ihm, seine freie, vom Erdkreis mit Jubel und Glockengeläut begrüßte Einfügung in ein europäisches Friedenssystem mit all ihrem inneren Zubehör an Freiheit, Recht, Wohlstand und Menschenanstand? Warum nicht? Nur weil ein das Menschenrecht in Wort und Tat verneinendes Regime, das an der Macht bleiben will und nichts weiter, sich selbst verneinen und aufheben würde, wenn es, da es denn nicht Krieg machen kann, wirklich Frieden machte? Aber ist das auch ein Grund? –

Ich habe wahrhaftig vergessen, Herr Dekan, daß ich noch immer zu Ihnen spreche. Gewiß darf ich mich getrösten, daß Sie schon längst nicht mehr weiter gelesen haben, entsetzt von einer Sprache, deren man in Deutschland seit Jahren entwöhnt ist, voll Schrecken, daß jemand sich erdreistet, das deutsche Wort in alter Freiheit zu führen. – Ach, nicht aus dreister Ueberheblichkeit habe ich gesprochen, sondern aus einer Sorge und Qual, von welcher Ihre Machtergreifer mich nicht entbinden konnten, als sie verfügten, ich sei kein Deutscher mehr; einer Seelen- und Gedankennot, von der seit vier Jahren nicht eine

Stunde meines Lebens frei gewesen ist und gegen die ich meine künstlerische Arbeit tagtäglich durchzusetzen hatte. Die Drangsal ist groß. Und wie wohl auch ein Mensch, der aus religiöser Schamhaftigkeit den obersten Namen gemeinhin nur schwer über die Lippen oder gar aus der Feder bringt, in Augenblicken tiefer Erschütterung ihn dennoch um letzten Ausdrucks willen nicht entbehren mag, so lassen Sie mich – da alles doch nicht zu sagen ist – diese Erwiderung mit dem Stoßgebet schließen:

Gott helfe unserm verdüsterten und mißbrauchten Lande und lehre es, seinen Frieden zu machen mit der Welt und mit sich selbst!

Küsnacht am Zürichsee, Neujahr 1936/37.

Thomas Mann.

VOM ZUKÜNFTIGEN SIEG DER DEMOKRATIE

Meine Damen und Herren!

Die Redensart »Eulen nach Athen tragen« ist wohl ein humanistischer Eigenbesitz der deutschen Sprache. Sie will eine sehr überflüssige Bemühung bezeichnen, den Transport einer Sache an einen Ort, wo davon ohnedies schon massenweise vorhanden ist. Denn da die Eule der heilige Vogel der Athene war, so gab es in Athen außerordentlich viele Eulen, und wer geglaubt hätte, dorthin noch welche bringen zu müssen, den hätte man ausgelacht.

Wie ein Mann, der Eulen nach Athen trägt, komme ich mir ein wenig vor, da ich mich anschicke, in Amerika über Demokratie zu sprechen. Es sieht aus, als wüßte ich nicht, daß ich mich im klassischen Lande der Demokratie befinde, wo die Gesinnung und Gesellschaftsverfassung, die man mit diesem Namen bezeichnet, recht eigentlich zu Hause und jedermanns eingefleischte Ueberzeugung, kurzum, eine herrschende Selbstverständlichkeit ist, über die der amerikanische Mensch keiner Belehrung bedarf – von einem Europäer gewiß nicht. Im Gegenteil: was Demokratie sei, darüber hat Europa von Amerika viel zu lernen gehabt; amerikanische Staatsmänner und Dichter, wie Lincoln und Whitman, waren es, die demokratisches Denken und Fühlen, eine demokratische Menschlichkeit der Welt in Worten aere perennius, verkündigt haben, und namentlich was Whitman betrifft, so hat die Erde wohl keinen Meister des Wortes hervorgebracht, der ein Gesellschaftsprinzip, wie das demokratische, so ins Trunken-Gesanghafte emporzureißen, es mit einem so mächtigen, aus Geist und Sinnlichkeit herrlich gemischten Gefühlsinhalt zu begaben gewußt hätte.

Nein, Amerika bedarf keiner Unterweisung in Dingen der Demokratie. Aber eines ist Unterweisung – und ein anderes Erinnerung, Besinnung, Revision, das Wiederbewußtmachen eines geistigen und moralischen Besitzes, den für allzu gesichert zu halten und auf sich beruhen zu lassen, gefährlich wäre. Es gibt keinen Besitz, der Nachlässigkeit vertrüge. Selbst physische Dinge sterben ab, gehen ein, kommen abhanden, wenn man sich nicht um sie kümmert, wenn sie Blick und Hand des Besitzers nicht mehr spüren und er sie aus den Augen verliert, weil ihr Besitz ihn allzu selbstverständlich dünkt. Es ist mit der Selbstverständlichkeit der Demokratie in aller Welt eine zweifelhafte Sache geworden – auch in Amerika; denn Amerika gehört zum Kulturterritorium des Abendlandes und hat teil an seinen innern Schicksalen, an dem Auf und Ab seines geistigen und moralischen Lebens. Es kann sich nicht davon isolieren. Daß Demokratie heute kein gesichertes Gut, daß sie angefeindet, von innen und außen her schwer bedroht, daß sie wieder zum Problem geworden ist, das spürt auch Amerika. Es spürt, daß die Stunde gekommen ist für eine Selbstbesinnung der Demokratie, für ihre Wiedererinnerung, Wiedererörterung und Bewußtmachung – mit einem Wort: für ihre Erneuerung im Gedanken und im Gefühl. Denn was die ihr feindlichen Tendenzen für sich haben oder für sich zu haben scheinen, ist vor allem der Reiz der Neuheit – ein Reiz, für den sich die Menschheit allezeit äußerst empfänglich zeigt. Was Cäsar von den alten Galliern sagte: sie seien novarum rerum cupidi, nach neuen Dingen begierig, das gilt im großen für die ganze Menschheit – aus Gründen, die eine pessimistisch-mitleidige Beurteilung ihres Schicksals zu stützen geeignet sind. Es steht nun einmal mit dem Menschen so, daß er sich in keiner Lage und unter keinen Umständen auf Erden ganz wohl befindet, keine Lebensverfassung ihm ganz gerecht wird und ihm ganz gemäß ist. Warum dem so ist, warum gerade für dieses Geschöpf auf Erden immer ein Rest von Ungenüge, Unzufriedenheit und Leiden bleibt, ist ein Geheimnis – ein für den Menschen vielleicht sehr ehrenvolles, aber auch schmerzliches Geheimnis, und jedenfalls hat es zur Folge, daß der Mensch im kleinen und großen nach Abwechslung, Veränderung, nach dem Neuen trachtet, weil er sich eine Verbesserung und Erleichterung seines immer halb peinlichen Zustandes davon verspricht.

Ich wiederhole: die Hauptstärke, die eigentliche Verführungskraft der Ideen und Tendenzen, die heute die Demokratie bedrohen und sie in den Zustand der Problematik versetzen, ist ihr Neuigkeitsreiz. Darauf pochen sie, damit prahlen sie; ihre revolutionäre Gebärde, ihre Attitüde von Jugendlichkeit und Zukünftigkeit soll die Jugend der Welt bestechen, und tut es, wenigstens in Europa, nicht selten. Nach meiner Meinung ist es betrogene Jugend, die dieser Verführung unterliegt – ich will das hier gleich sagen. Nach meiner Meinung ist es mit der revolutionären Zukünftigkeit und Morgenrötlichkeit dieser Tendenzen – der faschistischen; es ist klar, was ich meine – ein fauler Zauber; es ist, nicht nur in diesem Punkt, aber namentlich auch in diesem, ein so verlogenes Wesen damit, daß ehrliche Jugend in aller Welt sich schämen sollte, etwas damit zu schaffen zu haben. Auch ist die Empfänglichkeit dafür keineswegs eine Frage von Alter und Jugend, und keineswegs ist es so, daß alte Leute, weil sie eben einer andern Zeit angehören und »nicht mehr mit können«, davon ausgeschlossen oder dagegen gefeit wären und diese taufrische Gedankenwelt, genannt Faschismus, der Jugend überlassen müßten. Mein großer Kollege Knut Hamsun zum Beispiel, in Norwegen, ein schon sehr alter Mann, ist ein eifriger Faschist. Er agitiert für diese Partei in seinem eigenen Lande und *hat es sich nicht nehmen lassen*, ein weltbekanntes Opfer des deutschen Faschismus, den Pazifisten Ossietzky, öffentlich zu verhöhnen und zu beschimpfen. Das ist aber nicht das Benehmen eines Greises von besonders jung gebliebenem Herzen, sondern eines Schriftstellers der Generation von 1870, dessen entscheidende literarische Bildungserlebnisse Dostojewskij und

Nietzsche waren, und der in dem Apostatentum von damals gegen den Liberalismus steckengeblieben ist, ohne zu verstehen, um was es heute eigentlich geht, und ohne zu merken, daß er sein Dichtergenie durch sein politisches – ich will lieber sagen: sein menschliches Verhalten heillos kompromittiert. Andererseits ist festzustellen, daß große Teile der Jugend in aller Welt, in Europa und besonders auch in Amerika, man kann wohl sagen: ihr überwiegender Teil, von dem, was man die faschistischen Ideen nennt, nichts wissen will und geistig oder selbst körperlich im Kampfe für ganz entgegengesetzte Ideale steht. Offensichtlich hat die Anfälligkeit für das faschistische Miasma nichts mit Alter oder Jugend zu tun; sie ist vielmehr eine Frage der Intelligenz, des Charakters, des Wahrheitssinnes, des menschlichen Gefühls, kurzum, es entscheiden darüber Eigenschaften, die sowohl dem Alter wie der Jugend angehören oder nicht angehören, und von hier aus ist für die revolutionäre Zukünftigkeit des Faschismus entschieden nichts zu beweisen.

Das hindert nicht, daß seine schreiende Jugendlichkeitspropaganda, sein Reklametrick, dic Dcmokratic als vergreist, verrottet, überlebt, abgestanden und gähnend langweilig, sich selbst aber als höchst lustig und prall von Leben und Zukunft hinzustellen, die uns allen bekannten Erfolge aufzuweisen hat. Groß und schlau, wie er ist im Ausnutzen menschlicher Schwächen, kommt er damit dem leidenden Neuigkeitsbedürfnis der Menschheit entgegen, von dem wir sprachen; und was not tut, ist, meine ich, daß die Demokratie dieser faschistischen Spekulation durch eine Wiederentdeckung ihrer selbst begegnet, die ihr denselben Neuigkeitsreiz, ja, einen viel höhern, verschaffen kann, als der ist, den der Faschismus auszuüben sucht: daß sie alle Selbstverständlichkeit und Selbstvergessenheit von sich abtut und diese schon nicht mehr erwartete Situation, die Tatsache, daß sie wieder problematisch geworden, dazu benutzt, sich durch die Bewußtmachung ihrer selbst zu erneuern und zu verjüngen. Man kann nämlich ihre vitalen Hilfsquellen, ihre Ressourcen an Jugendlichkeit gar nicht überschätzen: tatsächlich ist der Jugendübermut des Faschismus dagegen eine bloße Grimasse. Der Faschismus ist ein Kind – ein recht garstiges Kind – der Zeit und schöpft aus der Zeit, was er an Jugend besitzt. Die Demokratie aber ist zeitlos-menschlich, und Zeitlosigkeit bedeutet immer ein Maß von potentieller Jugend, das nur im Gedanken und im Gefühl realisiert zu werden braucht, um alle bloß zeitliche Jugendlichkeit an Reizen jeder Art, Lebensreizen, Schönheitsreizen bei weitem zu übertreffen.

Ich nannte die Demokratie zeitlos-menschlich und ihren heute so sieghaft auftretenden Gegner, den Faschismus, eine Zeiterscheinung. Ich vergesse dabei nicht, daß auch er tiefe und vielleicht unzerstörbare Wurzeln im Menschlichen hat; denn sein Wesen ist die Gewalt. An sie, die physische und geistige Vergewaltigung, glaubt er, sie praktiziert er, sie liebt, ehrt und verherrlicht er, sie ist für ihn nicht erst die ultima, sondern die prima ratio – und wir wissen nur zu gut, daß die Gewalt ein ebenso menschlich-unsterbliches Prinzip ist wie ihr Gegenteil, der Gedanke des Rechtes. Sie ist das unerbittlich Tatsachen schaffende Prinzip, sie kann alles oder fast alles, nachdem sie sich durch Angst die Körper unterworfen, unterwirft sie sich sogar die Gedanken – denn der Mensch kann auf die Dauer kein Doppelleben führen; um in Harmonie mit sich selber zu sein, paßt er notgedrungen seine Gedanken dem äußern Verhalten an, zu dem die Gewalt ihn zwingt. Soviel vermag diese auszurichten. Täglich sehen wir das Recht vor ihr erbleichen und zunichte werden, denn die Gewalt ist die erdrückende und in der Erfahrung meist das Feld behauptende Materie, und das Recht nur eine Idee. Aber dies »nur«, so bitter und pessimistisch es klingt, ist dennoch erfüllt von Stolz und der entschiedensten Zuversicht – einer Zuversicht, die nicht läppischem, naturlosem Idealismus entspringt, sondern im Gegenteil über die Natur und Realität des Menschen besser, vollständiger Bescheid weiß, als der nur halb unterrichtete Gewaltglaube. Denn das ist eine besondere Natur, die menschliche, welche sich von der übrigen eben dadurch unterscheidet, daß ihr die Idee gegeben ist, daß sie ihr untersteht und ohne sie nicht sein kann, da sie durch sie ist. Die Idee ist das spezifisch und eigentlich Menschliche, das, was ihn zum Menschen macht; sie ist in ihm eine reale, natürliche und unmöglich zu vernachlässigende Tatsache, so daß die plumpsten und auf die Dauer verderblichsten Fehler begeht, wer des Anteils der menschlichen Natur am Ideellen nicht achtet –

wie die Gewalt es tut. Mit dem Worte »Recht« aber ist die Idee bei einem ihrer Namen genannt – mit einem nur; denn man kann auch andere, ebenso starke und keineswegs naturarme, sondern eher schreckliche Namen dafür einsetzen, zum Beispiel: Freiheit und Wahrheit. Man weiß nicht, welchen man an die Spitze stellen soll, welcher der größte ist; denn jeder von ihnen bezeichnet die Idee in ihrer Ganzheit und einer steht für den andern. Sagt man Wahrheit, so sagt man auch Freiheit und Gerechtigkeit; spricht man von diesen, so meint man die Wahrheit. Es ist ein mit geistiger Natur und elementarer Sprengkraft geladener Komplex untrennbarer Art – man nennt ihn das Absolute. Dem Menschen ist das Absolute gegeben – möge das nun ein Fluch oder ein Segen sein, es ist eine Tatsache. Er ist ihm verpflichtet, sein Wesen ist nach ihm gerichtet; und im menschlichen Bereich nimmt sich die wahrheitswidrige, freiheitsfeindliche und rechtlose Gewalt darum so subaltern, so verächtlich aus, weil sie ohne Gefühl und Verstand ist für die Verbundenheit des Menschen mit dem Absoluten und ohne Begriff für die unabdingbare Würde, die ihm aus dieser Verbundenheit erwächst.

Sie sehen, meine Damen und Herren: ich will dem Namen der Demokratie einen sehr weiten Sinn geben, einen viel weitern, als der rein politische Klang dieses Namens zunächst vermuten läßt; denn ich knüpfe ihn an das Menschlichste, an die Idee und das Absolute, ich bringe ihn in Beziehung zu des Menschen unveräußerlicher und durch keine Gewalterniedrigung zerstörbarer Würde –

und so muß ich tun, wenn ich den Wunsch erfüllen soll, der an mich erging: meinen Glauben zu bekennen an den Endsieg der Demokratie über die sie heute bedrohenden Tendenzen und Mächte. Wägt man nur ein politisches System gegen das andere ab, von denen das andere, feindliche, sogar recht robuste praktische Vorteile vor dem demokratischen aufzuweisen hat, so ist es schwer, zu diesem Glauben zu gelangen. Er muß fußen auf der menschlichen Zeitlosigkeit der Demokratie und auf ihrer daraus sich ergebenden grenzenlosen Erneuerungsfähigkeit, auf ihrem unerschöpflichen, vom Absoluten genährten Schatz an potentieller Jugendlichkeit, mit dem sie des prahlerischen Anspruchs der faschistischen Diktatur auf Jugend und Zukunft lachen kann. Daß dieser Glaube an bestimmte Bedingungen geknüpft bleibt, deren historische Erfüllung der Demokratie obliegt, werde ich noch sagen. Für den Augenblick ist es mir um ihre begriffliche Bestimmung zu tun – und jede Bestimmung der Demokratie ist ungenügend, ungenügend für den Glauben an sie –, die sich im bloß Technisch-Politischen hält. Es ist ungenügend, das demokratische Prinzip als Prinzip der Majorität zu bestimmen und Demokratie wörtlich, allzu wörtlich, mit »Volksherrschaft« zu übersetzen, einem zweideutigen Wort, das auch Pöbelherrschaft bedeuten kann – und das ist vielmehr die Definition des Faschismus. Es ist selbst noch unzulänglich – so richtig es sei –, die demokratische Idee auf die Friedensidee zurückzuführen und zu erklären, das Recht des freien Volkes, über sein Schicksal selbst zu entscheiden, schließe auch die Achtung vor den Rechten fremder Völker ein und sei die beste Gewähr für die Entstehung einer Völkergemeinschaft und für den Frieden. Man muß höher greifen und aufs Ganze gehen. Man muß die Demokratie als diejenige Staats- und Gesellschaftsform bestimmen, welche vor jeder andern inspiriert ist von dem Gefühl und Bewußtsein der Würde des Menschen.

Die Würde des Menschen ... Wird uns nicht etwas bange und lächerlich zumute bei diesem Wort? Schmeckt es nicht nach matt und dumpfig gewordenem Optimismus? Nach einer Festrhetorik, die mit der bittern, derben Alltagswahrheit über den Menschen schlecht übereinstimmt? – Wir kennen sie, diese Wahrheit. Wir sind mit der Natur des Menschen, oder besser gesagt: der Menschen so ziemlich vertraut und weit entfernt, uns Illusionen über sie zu machen. Sie ist befestigt in dem Sakralwort: »Das Trachten des Menschenherzens ist böse von Jugend auf.« Sie ist mit philosophischem Zynismus ausgesprochen in dem Wort Friedrichs II. von der »verfluchten Rasse« – »de cette rasse maudite«. Mein Gott, die Menschen ... Ihre Ungerechtigkeit, Bosheit, Grausamkeit, ihre durchschnittliche Dummheit und Blindheit sind hinlänglich erwiesen, ihr Egoismus ist kraß, ihre Verlogenheit, Feigheit, Unsozialität bilden unsere tägliche Erfahrung; ein eiserner Druck disziplinären Zwanges ist nötig, sie nur leidlich in Zucht und Ordnung zu halten. Wer wüßte diesem vertrackten Geschlecht nicht alle Laster nachzusagen, wer dächte nicht öfters völlig hoffnungslos über seine Zukunft und verstände es nicht, daß die Engel im Himmel vom Tage der Erschaffung an die Nase rümpfen über den unbegreiflichen Anteil, den Gott der Herr an diesem fragwürdigen Geschöpfe nimmt? Und doch ist es so – und zwar heute mehr als jemals –, daß man sich von soviel nur allzu begründeter Skepsis nicht zur Menschenverachtung verleiten lassen – über soviel lächerlicher Schlechtigkeit nicht das Große und Ehrwürdige vergessen darf, das sich als Kunst und Wissenschaft, als Wahrheitstrieb, Schönheitsschöpfung, Rechtsidee im Menschen offenbart; und doch ist es so, daß Fühllosigkeit gegen das große Geheimnis, das man berührt, wenn man »Mensch« sagt und »Menschheit«, den geistigen Tod bedeutet. Das ist keine Wahrheit von gestern und vorgestern, veraltet, reizlos und matt. Es ist die neue und notwendige Wahrheit von heute und morgen, diejenige, die Leben und Jugend für sich hat gegen die falsche und welke Jugendlichkeit gewisser Tageslehren und -wahrheiten.

Sagte ich zuviel, wenn ich den Menschen ein großes Geheimnis nannte? Woher stammt er? Aus der Natur, der tierischen, und danach benimmt er sich unverkennbar. Aber in ihm kommt die Natur zum Bewußtsein, sie scheint ihn hervorgebracht zu haben, nicht nur, um ihn zum Herrn über sich zu machen – das ist nur der Ausdruck für etwas Tieferes –, sondern in ihm öffnet sie sich gegen das Geistige, befragt, bewundert und beurteilt sich selbst in einem Wesen, das zugleich ihr angehört und einer höhern Ordnung. Zum Bewußtsein kommen, heißt: ein Gewissen bekommen, heißt wissen, was gut und böse ist – die untermenschliche Natur weiß es nicht. Sie ist *unschuldig*, im Menschen wird sie *schuldig*. Der Mensch ist der Sündenfall der Natur, aber das ist kein Fall, sondern so gewiß eine Erhebung, wie das Gewissen höher ist als die Unschuld. Was das Christentum die »Erbsünde« nennt, ist mehr als ein Priestertrick, um die Menschen niederzuhalten und zu beherrschen – es ist das tiefe Gefühl des Menschen als eines geistigen Wesens von seiner natürlichen Brest- und Fehlhaftigkeit, über die er sich im Geiste erhebt. Ist das Untreue gegen die Natur? Durchaus nicht. Es ist nach ihrem tiefsten Willen. Denn zu ihrer Vergeistigung hat sie den Menschen hervorgebracht.

Diese Geheimniswürde des Menschen sieht und ehrt die Demokratie: den Sinn dafür, den Respekt davor nennt sie »Humanität«. Die antihumane, diktatorische Gesinnung des Tages will von »Erbsünde«, das heißt von geistigem Gewissen nichts hören: Sündenbewußtsein, also Geist, erachtet sie der Kriegertugend für abträglich. Sie lehrt eine optimistische Heroik – in schlechthin blödsinnigem Widerspruch zu der bodenlosen Menschenverachtung, der sie zugleich damit huldigt. Denn alle Gewaltüber, Unterdrücker, Betäuber, Verdummer, alle, die darauf aus sind, aus der Nation ein gedankenloses Kriegsdynamo zu machen und auf diese Weise den freien und denkenden Völkern den Rang abzulaufen, sind selbstverständlich Massenverächter: sie geben zwar vor, dem Menschen seine vom Christentum geschändete Ehre zurückgeben zu wollen, indem sie ihn von der Erbsünde lossprechen und ihm germanische Heroik in den Leib reden – immer gebärden sie sich als Wiedererstatter der Ehre; auch Deutschland hätten sie ja, wenn man dem Radio glauben dürfte, »die Ehre zurückgegeben«. In Wirklichkeit aber praktizieren sie eine wahrhaft groteske Menschenverachtung – grotesk durch ihr Subjekt, grotesk durch den Gedanken, wer hier verachtet: es sind die Verächtlichsten. Ich lasse mir die Verachtung gefallen, die aus der Höhe kommt, die große, dem Menschenmaß entwachsene Persönlichkeit, welche verachtet. Aber vergebens fragt man sich, wie die totale Erbärmlichkeit, die moralische und geistige Misere eigentlich dazu kommt, zu verachten. Es ist denn auch eine Sorte von Verachtung, die den Menschen erst aus allen Kräften erniedrigen und verderben muß, damit er recht zu ihrem Objekt tauge. Der Terror verdirbt die Menschen, das ist klar: er zerrüttet ihren Charakter, setzt das Böse in ihnen frei, macht sie zu angstvollen Heuchlern und schamlosen Angebern, er macht sie verächtlich – darum lieben diese Menschenverächter den Terror so sehr. Ihre Lust an der Menschenschändung ist schmutzig und pathologisch. Die Behandlung der Juden in Deutschland, die Konzentrationslager und was sich in ihnen abgespielt hat und immer noch abspielt, sind dafür Belege und Beweise. Jede Art Pranger, Entehrung, schimpfliche Auszeichnung, das Haarabschneiden, der gelbe Flecken, der Zwang zur moralischen Selbstvernichtung, die Zerbrechung von Geist und Seele durch die Körpertortur, die Schändung des Rechtes durch die Gewalt, so daß der Mensch, überwältigt von Weltuntergangsschaudern, am Rechte verzweifelt, ihm abschwört und die Gewalt anbetet –: dies alles sind Hilfsmittel dieser Lust, die teuflisch zu nennen schon zuviel Ehre wäre, denn sie ist einfach krankhaft. Oder sind die Zumutungen nicht krankhaft, die die Diktatur sich auf dem Gebiete der Lüge, des Wahrheitsmordes, des Betruges gönnt, eines Betruges, der so plump ist, daß er ebenfalls auf Gewalt hinausläuft? Ist es das schrankenlose Vertrauen nicht, das sie in die Verdummtheit und geistige Widerstandslosigkeit der nach ihren Wünschen und Bedürfnissen zugerichteten Menschen setzt? Es gibt nur eine öffentliche Stimme – die ihre. Jede andere ist zum Schweigen gebracht, es gibt keinen Widerspruch, nicht die leiseste Gegenerinnerung – sie kann sagen, was sie will, kann den Leuten die Lügenpeitsche um die Ohren knallen lassen nach ungestörter Herzenslust – die Lügenpeitsche der Propaganda. Die Demokratie, wie immer ihre Meinung über die Menschen sei, meint es jedenfalls gut mit den Menschen. Sie möchte sie heben, denken lehren und befreien, möchte der Kultur den Charakter eines Vorrechtes nehmen und sie ins Volk tragen – mit einem Worte: sie ist auf Erziehung aus. Erziehung ist ein optimistisch-menschenfreundlicher Begriff – die Achtung vor dem Menschen ist unabtrennbar von ihm. Sein menschenfeindlicher, menschenverächterischer Gegenbegriff heißt Propaganda. Diese soll verdummen, betäuben, einebnen,

»gleichschalten« – im Interesse der Kriegstüchtigkeit und vor allem, um das diktatorische System an der Macht zu erhalten. Ich will damit nicht sagen, daß nicht auch Propaganda im Geist der Erziehung, im demokratischen Geist also, geübt werden könnte: die Demokratie hat vielleicht bisher überall und auch in diesem Lande zuwenig im eigenen Sinn von ihr Gebrauch gemacht. In den Händen der Diktatur jedenfalls ist Propaganda ein Instrument zynischer Menschenverachtung.

Wir sehen also Widerspruch da wie dort – es geht ohne solchen im Leben offenbar nicht ab. Die Demokratie widerspricht sich, indem sie zwar von Geistes wegen (denn sie steht mit Geist, Literatur, psychologischer Wahrheitserkenntnis und Wahrheitsforschung auf gutem Fuß) für die komische Schlechtigkeit der Menschen allen Sinn hat und sie kritisch analysiert, dennoch aber an der Würde des Menschen grundsätzlich festhält und an die Möglichkeit seiner Erziehung glaubt. Die Diktatur widerspricht sich, indem sie zwar die christliche Erbsünde für abgeschafft erklärt, den Menschen vom Gewissen befreit und ihn adelige Heroik lehrt (damit er sich besser für sie schlage) – dabei ihn aber ohne jedes Gefühl für seine Würde erniedrigt und versklavt, überzeugt, daß kein anderes Los ihm zukomme und alles andere veraltet-schönseliges Gerede sei. Beides ist unlogisch. Aber welche Art der Unlogik wohl ist die anständigere?

Ich sprach von dem charakterisierenden Wohlverhältnis der Demokratie zum Geiste und auch zum schönen

Geiste, zur Literatur; und es ist kaum nötig, hinzuzufügen, daß schon dieses sie bestimmend von der Diktatur unterscheidet, welche ihre Gewaltgläubigkeit selbstverständlich geistfern, geistfremd und geistfeindlich macht. Wirklichen Definitionswert für die Demokratie gewinnt diese Feststellung aber erst, wenn man den Begriff des Geistes nicht einseitig, isoliert, abstrakt und hochmütig-lebensfremd versteht, sondern ihn als lebensverbundenen, dem Leben und der Tat zugewandten Geist kennzeichnet – denn nur das, und das eigentlich, ist demokratischer Geist und ist der Geist der Demokratie. Die Demokratie ist nicht intellektualistisch in einem alten und überwundenen Sinne. Demokratie ist Denken; aber es ist ein dem Leben und der Tat verbundenes Denken, sonst wäre es nicht demokratisch, und eben hierin ist die Demokratie neu und modern. Der französische Philosoph Bergson sandte einem Kongreß von geistigen Forschern, der kürzlich in Paris tagte, eine Botschaft, worin er den Imperativ aufstellte: »Handle als Denker und denke als Handelnder.« Das ist eine durch und durch demokratische Devise. Kein vordemokratischer Denker hat je ans Handeln gedacht, noch daran, wie ein Handeln sich ausnehmen würde, das sein Denken verwirklichte. Es ist ein Charakteristikum undemokratischer oder demokratisch unerzogener Nationen, daß bei ihnen ohne jede Beziehung zur Wirklichkeit gedacht wird, rein abstrakt, in völliger Isolierung des Geistes vom Leben und bar jeder Rücksichtnahme auf die Wirklichkeitskonsequenzen des Denkens. Das ist ein Mangel an Pragmatismus, der ins

Sträfliche fällt und dahin führt, daß der Gedanke durch die Wirklichkeit eine gräßliche und das Denken überhaupt kompromittierende Widerlegung erfährt. Goethe hat gesagt: »Der Handelnde ist immer gewissenlos; Gewissen hat nur der Betrachtende.« Das ist wahr, aber weil es wahr ist, *muß der Betrachtende gewissenhaft sein auch noch für den Handelnden* – eine Forderung, die sich natürlich am glücklichsten erfüllt, wenn der Denkende und der Handelnde ein und dieselbe Person sind. Wir nennen den jüngst verstorbenen Gründer und ersten Präsidenten der Tschechoslowakischen Republik einen großen Demokraten. Warum? Weil sich in seiner Gestalt ein neues und modernes Verhältnis von Geist und Leben verkörpert, weil er in organischer Verbindung Denker und Staatsmann war – ein Denker als Staatsmann und als Staatsmann ein Denker. Die Forderung Platos, daß Philosophen den Staat regieren sollen, wäre eine gefährliche Utopie, wenn sie nur besagen wollte, daß der Regent ein Philosoph sein soll. Der Philosoph muß auch ein Regent sein – erst das schafft das Verhältnis von Geist und Leben, welches wir demokratisch nennen. Was man heute an dem Philosophen bewundert, der am Beginn neuzeitlichen Denkens steht: Descartes, ist ausdrücklich die Lebensnähe und Aktivität seiner Denkweise; und je länger, desto entschiedener hat seit den Tagen des Cartesius die europäische Philosophie diese demokratische Richtung verfolgt. Selbst ein so extrem individualistischer und aristokratischer Denker wie Nietzsche ist Demokrat in diesem bestimmten modernen Sinne: sein

Kampf gegen den theoretischen Menschen, seine fast schon exzessive und gefährliche Verherrlichung des Lebens auf Kosten des Geistes und der abstrakten Wahrheit hat philosophisch-demokratischen Charakter, und einen sehr künstlerischen dazu. Denn der Künstler ist kein Theoretiker, oder doch nur in unmittelbarer Verbindung mit dem Handeln, dem Tun und Machen, das aus dem Geiste geschieht. In mehr als einer Beziehung hat ja Nietzsche Kunst und Geisteswissenschaft einander genähert, sie ineinander übergehen lassen; durch ihn ist die Grenze zwischen beiden fließend geworden. Aber Annäherung an die Kunst bedeutet Annäherung an das Leben, und wenn der Sinn für die Würde des Menschen die moralische Bestimmung der Demokratie ist, so ergibt sich ihre psychologische Definition aus diesem ihrem Willen zur Versöhnung und Vereinigung von Erkenntnis und Kunst, Geist und Leben, Gedanke und Tat.

Mißverständnis und Mißbrauch liegen hier freilich nahe. Es gibt eine Karikatur des modernen Anti-Intellektualismus, die mit Demokratie nichts mehr zu tun hat, sondern bei der man sich mitten in die niedrig-demagogische Welt des Faschismus versetzt findet: es ist die Verachtung der klaren Vernunft, die Leugnung und Vergewaltigung der Wahrheit zugunsten der Macht und des Staatsinteresses, der Appell an die dumpfen Instinkte, das sogenannte »Gefühl«, die Lossprechung der Dummen und Schlechten von der Zucht der Vernunft und des Geistes, die Freigabe der Gemeinheit – kurz, eine barbarische

Pöbelei, neben der sich, was wir Demokratie nennen, nun freilich im höchsten Grade aristokratisch ausnimmt. Ueberhaupt wird der Gegensatz von Demokratie und Aristokratie dem Leben nur mangelhaft gerecht; das eine ist nicht immer das echte Gegenteil des andern. Wenn Aristokratie wirklich und immer »Herrschaft der Guten, der Besten« bedeutete, dann wäre sie das Wünschenswerte, weil sie genau das wäre, was wir unter Demokratie verstehen. Der Demokrat Benesch, der Demokrat Roosevelt, der Demokrat Léon Blum sind als persönlich-menschliche wie als staatsmännische Typen bestimmt aristokratischer als der Typus Hitler oder Mussolini. Daß aber eine aristokratische Menschlichkeit politisch das Prinzip der Demokratie vertritt, kommt daher, daß der Geist zwar vornehm macht und selbst schon eine Aeußerung der Verfeinerung und höhern Artung ist, daß er aber zugleich kraft seiner Verbundenheit und Solidarität mit Erkenntnis, Wahrheit, Gerechtigkeit und als das Gegenteil von Gewalt und Roheit der Befürworter und Vertreter der Demokratie auf Erden ist.

Die wirkliche Demokratie, wie wir sie verstehen, kann niemals eines aristokratischen Einschlags entbehren – das Wort »aristokratisch« nicht im Sinne der Geburt und irgendwelcher Privilegien genommen, sondern im geistigen Sinn. In einer Demokratie, die das höhere Leben des Geistes nicht ehrt und nicht von ihm bestimmt wird, hat die Demagogie freies Spiel, und das Niveau des nationalen Lebens wird auf dasjenige der Unwissenden und

Unkultivierten hinabgedrückt, anstatt daß das Prinzip der Erziehung waltete und die Tendenz herrschte, die untern Schichten zur Kultur zu erheben und das Niveau der Bessern zum anerkannt herrschenden zu machen. Den Begriff der Kultur und ihr Niveau von unten her, nach dem Sinn und Verständnis des Pöbels bestimmen zu lassen – genau dies und nichts anderes ist Demagogie; und wir haben das Musterbeispiel dafür in den sogenannten Kulturreden des erwähnten Führers, zu deren praktischen Folgen es unter anderm gehört, daß zeitgenössische deutsche Maler von Weltruf, wie Corinth, Kokoschka, Pechstein, Klee, Hofer, Marck und Nolde, figürlich und damit beinahe auch persönlich an den Schandpfahl gestellt wurden, und daß man ihre Werke in einer Ausstellung für »entartete Kunst« dem Hohngelächter derer preisgab, deren machthabender Exponent der erwähnte Kulturredner ist. Was dieser neuartige Herrscher über Kunst und Geist, über Skulptur, Malerei, Musik, Literatur autoritativ zum besten gibt, wird spätem Generationen vor Augen führen, was in dem kriegsbeschädigten Deutschland unserer Tage, einem ehemals geistig hochstehenden Lande, möglich war; es wird sie lehren, was das ist: entartete Demokratie. Ich verstehe nichts von Staatskunst – es ist möglich, daß das erwähnte Ingenium Deutschland herrlichen Zeiten entgegenführt, wenngleich das Wilhelm II. auch schon versprochen hat. Von Kultur aber glaube ich etwas zu verstehen, hier bin ich legitimiert, ein Wort mitzureden; und da Deutschland in das Friedhofsschweigen der

Diktatur gehüllt, da dort jede Widerrede erstickt ist, so verlangt die Menschenwürde, daß wenigstens hier in der Freiheit ausgesprochen werde, daß diese Kulturreden nichts weiter sind als subalternes Kleinbürgergeschwätz, daß ihr einziger Wert darin besteht, zu zeigen, wohin die Demokratie gerät, wenn sie des notwendigen geistesaristokratischen Einschlages verlustig geht.

Die pseudo-aristokratische Grimasse gehört freilich zum Bilde dieser Entartung. Diktatoren sind ja Herrenmenschen, sie verachten die Menge, und während sie sich zum Mundstück ihrer armseligen Meinungen machen, geben sie ihr ihre persönlich ganz unbegreifliche und ungerechtfertigte Geringschätzung zu verstehen. Das Volk, sagt der Kulturredner, habe nicht mitzureden; es brauche Brot und Spiele, und damit punktum. Denn es habe einen »Kaninchenhorizont« und bestehe vorwiegend aus »schwachen Spießern«. Aber gerade in ihm und durch ihn redet es ja mit, und es ist wahrhaft sonderbar, zu sehen, wie der regierende Redner gar nicht auf den Gedanken kommt, es möchten gerade seine Kulturaspekte mit Kaninchenhorizont und schwachem Spießertum irgend etwas zu tun haben. Ich nenne das Pseudo-Aristokratismus – in der faschistischen Diktatur ist alles »pseudo«, vor allem auch der Sozialismus, wie das Verhalten des Kulturredners zum Volke zeigt. Es ist ein Sozialismus der Menschenverachtung, dazu Kulturterror des Kleinbürgers und alles in allem eine Art von Banausen-Bolschewismus, der unstreitig für die Gesittung eine viel scheußlichere Gefahr bedeutet als die soziale Doktrin, deren Drohung so große Teile des besitzenden Bürgertums der faschistischen Diktatur in die Arme treibt oder ihm doch Sympathie mit ihr einflößt. Sie halten diese für einen rettenden Schutzwall gegen den eigentlichen, den russischen, proletarisch gefärbten Bolschewismus und gegen den Sozialismus überhaupt, und die Diktaturen geben sich denn auch für einen solchen Schutzwall aus, sie spielen die Retter der europäischen Zivilisation vor dem Bolschewismus, zu welchem, wie sie behaupten, die Demokratie schon die Vorstufe ist. Man kann sagen: sie leben von dieser künstlich genährten Angst; sie vor allem hat ihnen zum Siege im Innern verholfen, und sie vertrauen, daß die anti-bolschewistische Ideologie, unermüdlich propagiert, ihnen auch zum äußern, zum Weltsieg verhelfen werde. Das Bürgertum ist jedoch vor der grausamen Enttäuschung zu warnen, die es erwartet, wenn es dieser betrügerischen Propaganda unterliegt – einer schweren Enttäuschung, die das Bürgertum der dem Faschismus verfallenen Länder bereits erprobt hat. Daß es die Funktion und Absicht des Faschismus, besonders etwa des deutschen Nationalsozialismus, sei, das Privateigentum und die individualistische Wirtschaftsform zu konservieren, ist ein vollständiger Irrtum. In entscheidender Beziehung, nämlich gerade in wirtschaftlicher, ist der Nationalsozialismus nichts anderes als Bolschewismus: es sind feindliche Brüder, von denen der jüngere von dem ältern, russischen, so gut wie alles gelernt hat – nur nicht das Moralische; denn sein Sozialismus ist moralisch unecht, verlogen und menschenverächterisch, aber im wirtschaftlichen Effekt läuft er auf das dasselbe hinaus wie der Bolschewismus. Zwar sind unter dem Nationalsozialismus die Arbeiter entrechtet, die Gewerkschaften vernichtet, alle sozialistischen Organisationen zerschlagen; daß aber damit das goldene Zeitalter des Unternehmertums gekommen sein würde, war ein Traum des Herrn Thyssen und anderer finanzieller Gönner der Hitlerpartei, ein Traum, von dem wir dahingestellt sein lassen wollen, ob er schön war, von dem aber jedenfalls das strikte Gegenteil in Erfüllung gegangen ist. Die Kriegswirtschaft, die heute im sogenannten Dritten Reiche herrscht, ist eine moralisch tiefstehende Form des Sozialismus, aber eine Form davon eben doch: sie ist etwas, was man sowohl Staatssozialismus wie Staatskapitalismus nennen kann, militärisch bestimmte Diktatur des Staates über die Wirtschaft, vollendete Verdrängung der Unternehmerinitiative, der unzweifelhafte Untergang der privatkapitalistischen Wirtschaft. Dies möge das Bürgertum der Welt sich klar machen, bevor es aus Panik vor dem Sozialismus für den Faschismus optiert.

Freilich ist nicht genug zu betonen, daß der faschistische Sozialismus eine moralische Verhunzung des wirklichen ist, der Diebstahl an einer sittlichen und humanitären Idee, um Jugendlichkeits- und Zukünftigkeitspropaganda damit zu treiben. Wie es mit dem Sozialismus der Diktatur bestellt ist, zeigt sehr anschaulich der exaltierte Baubetrieb im heutigen Deutschland: der Drang dieses Regimes, sich in ebenso großmannssüchtigen wie künstlerisch armseligen Prunk- und Riesenbauten zu verherrlichen, ist eine Leidenschaft von stark krankhaftem Einschlage; sie hat etwas Maniakalisches und erinnert daran, daß die Bauwut eine klinisch bekannte Erscheinung ist. Das Geld spielt bei diesen überall angelegten, geplanten oder schon in öder, leer-epigonenhafter Vollendung prangenden Staats- und Kommunalbauten überhaupt keine Rolle; die Ausgaben dafür sind enorm; der »innere Kreislauf« scheint es zu erlauben. In Nürnberg – um von den Berliner und Münchner architektonischen Plänen und Taten zu schweigen – erwächst eine sogenannte »Tempelstadt«, in der die zukünftigen Parteitage sich abspielen sollen. Da gibt es eine steinerne Sportarena, die 400 000 Personen fassen soll, also viermal so groß sein wird wie das Olympiastadion in Berlin. Ein ungeheures Versammlungsgebäude, das, von hinten gesehen, dem römischen Kolosseum gleicht – wie es von vorn aussehen wird, kann ich nicht sagen. Einen besondern Riesenbau für »Kulturtagungen«, der voraussichtlich besonders reich an Säulen sein wird, hinter welchen dann eine Kultur tagt, die man sich denken kann. Die »Zeppelinwiese« bei Nürnberg ist groß genug, daß sie als Schauplatz für die alljährlichen Gefechtsübungen der Wehrmacht mit Tanks und schweren Geschützen dienen konnte. Das genügt nicht. Ein dreimal so großes Aufmarschfeld mit steinernen Wällen wird errichtet, das den cäsarischen Namen »Märzfeld« führt und eine Million

Menschen faßt. Bedenkt man, daß das Berliner »Reichssportfeld« 50 Millionen gekostet hat, so kann man sich eine ungefähre Vorstellung davon machen, welche Summen das »Märzfeld« und überhaupt die Nürnberger Tempelstadt – um nur von dieser zu reden – verschlingen wird. Und dabei herrscht in Deutschland die krasseste Wohnungsnot – in direkter Folge dieser Staatsbauwut, wie sich versteht. Auf amtliche Ziffern gestützt, hat man ausgerechnet, daß es im Lande 950 000 Wohnungen zuwenig gibt. Der Anblick der in den Monsterbauten dargestellten Reichsherrlichkeit muß die Un- und Schlechtbehausten entschädigen.

Das nenne ich Sozialismus! Es ist Nationalsozialismus, wohlgemerkt. Ich finde es aber sowohl nationaler wie auch sozialistischer, wenn eben jetzt Präsident Roosevelt an den amerikanischen Kongreß mit einem Plan für den Bau von drei bis vier Millionen neuer Wohnungen herantritt, für deren Kosten – es sind hohe Kosten – die privaten Unternehmungen und das Kapital zusammen mit dem Staate aufkommen sollen. An Großzügigkeit läßt auch dieser Plan nichts zu wünschen übrig. Aber es ist eine Großzügigkeit, die nicht auf Verblendung und Einschüchterung des Volkes durch die Pracht- und Machtentfaltung des Regimes, sondern auf den Nutzen und das vernünftige Wohl der Landesbewohner gerichtet ist.

Daß das Wort »Sozialismus«, trotz aller anti-individualistischen Wirtschaftsgebarung, im Mund des Faschismus eine Lüge ist, zeigt schon der Name seiner deutschen

Spielart: Nationalsozialismus. Diese Wortverbindung ist eine Bauernfängerei, wie das ganze »Gedankengut«, dessen Etikette sie ist. Nationalismus und Sozialismus sind Gegensätze. Ein Parteiprogramm aus beiden zu machen, ist geistiger Unfug. Sozialismus ist ein durchaus moralischer, das heißt nach innen gerichteter Impuls, ein Impuls des Gewissens. Wie man als bürgerlicher Individualist über ihn denken möge – man muß zugeben, daß er friedlich ist, pazifistisch bis zur Selbstgefährdung. Er hat von Natur wenig Machtsinn – sollte er zugrunde gehen, so wird es an diesem Mangel liegen. Wir haben ja gesehen, daß die sozialistisch beeinflußte deutsche Republik aus pazifistischer Scheu vor dem Blutvergießen, dem Bürgerkrieg, die Waffen vor ihren Mördern streckte. Wir haben auch gesehen, welchen Druckes von seiten der aggressiv-kriegerischen Mächte es bedurfte, bis der französische und englische sozialistische Pazifismus sich notgedrungen mit der defensiven Aufrüstung ihrer Länder befreundeten. Ich nenne den Sozialismus darum einen moralischen Impuls, weil er wesentlich innerpolitisch, nicht außenpolitisch, interessiert ist: seine Passion ist Gerechtigkeit, nicht Macht. Die sozialistische Reform Léon Blums in Frankreich geschah unter fast sträflicher Vernachlässigung der außenpolitischen Dinge, in dem idealistischen Glauben, daß die Herstellung einer höhern und gerechtern Ordnung im Innern ein Land eo ipso in jeder Beziehung stärke, also im Glauben an die Moral. Möge dieser Glaube, trotz seines Idealismus, auf die Dauer sogar richtig sein – unmittelbar kann er zu großer Schwächung und Gefahr im Lebenskampfe führen, gleich wie ein Mensch, der ganz nach innen gerichtet lebte, allein sein Seelenheil im Auge hätte und auf die Umwelt und wie er mit ihr fertig werde, gar nicht Bedacht nähme, auf Erden wohl schlecht bestünde. Und Rußland? Man kann das innerpolitische Beispiel, das es gibt, böse finden und dieses Beispiel fürchten. Aber man muß einräumen, daß die moralische Natur alles wirklichen Sozialismus sich auch im Falle Rußlands bewährt: man muß es als Friedensmacht anerkennen und feststellen, daß es als solche eine Verstärkung der Demokratie bedeutet. Es ist kein Zufall und keine bloße Sache der Politik, sondern der Moral, wenn Rußland sich als Friedensmacht an die Seite der großen und kleinen Demokratien, Englands, Frankreichs, Amerikas, der Tschechoslowakei usw. stellt. Soweit der Friede in Frage kommt, gehören Sozialismus und bürgerliche Demokratie zusammen, denn der Sinn des Friedens ist die innere Aufgabe, die Arbeit in der weitesten und sittlichsten Bedeutung des Wortes, die Arbeit der Völker an sich selbst. Der Krieg dagegen ist moralischer Müßiggang, das liederliche Abenteuer, ein Hinter-die-Schule-Laufen vor den großen und dringenden Verbesserungsaufgaben der Zeit, die der Friede stellt und die nur im Frieden gelöst werden können. Ich habe vielleicht nicht genug Sinn für die von Rußland ausgehende Bedrohung der kapitalistisch-bürgerlichen Lebensordnung; denn ich bin kein Kapitalist. Soviel aber sehe ich, daß von Rußland keine Bedrohung dessen ausgeht, worauf alles ankommt, nämlich des Friedens. Nicht Rußland ist es, das, zwanzig Jahre nach dem Weltkrieg, Europa zwingt, ungeheure Mittel den Friedenszwecken zu entziehen und der Rüstung zuzuwenden: es ist der Faschismus und seine sogenannte Dynamik. Daß die Welt nicht zur Ruhe und zum Gedeihen kommt, ist sein Werk, nicht das des Sozialismus.

In geradem Gegensatz nun zu diesem ist der Nationalismus ein durchaus aggressiver, nach außen gerichteter Impuls; seine Sache ist nicht das Gewissen, sondern die Macht; nicht die Arbeit, sondern der Krieg. Der Vorbereitung des Krieges und seiner Verherrlichung ist selbst das an propagandistischen Gehalten reiche Wort »Sozialismus« gut genug. In der Tat, zu Hause schlägt man den Sozialismus tot; nach außen aber, international, gibt man sich plötzlich sozialistisch; die Begriffe »proletarisch«, »Armut«, »Besitz«, »Gerechtigkeit« spielen da auf einmal eine hervorragende Rolle, und der Klassenkampf, im Innern geleugnet, perhorresziert und durch eine zweifelhafte »Volksgemeinschaft« ersetzt, wird nach außen zum dynamischen Motor aller Geschichte gemacht. Man teilt die Welt ein in proletarische Staaten, have-nots, die nichts zu verlieren und alles zu gewinnen haben, die durch Armut dynamisch und heroisch gemacht werden, sehnsüchtig nach Raum, Sonne, Glück, Teilhaberschaft an den Gütern der Erde – und in kapitalistische Staaten, satt und statisch, welche auf ihrem Besitz wie der schatzbehütende Lindwurm ruhen und die armen Teufel vom Glück und Reichtum der Erde ausschließen wollen. Ein sozialistisches Recht und Pathos der Dynamiker gegen die Statiker wird da in Anspruch genommen, der Umsturz der bestehenden Besitzverhältnisse zugunsten der »Armen« aufwieglerisch propagiert und mit einem proletarischen Kriege gegen die Kapitalwelt gedroht, wenn die Forderung nicht erfüllt wird.

Nun kommt es im Leben darauf an, wer eine Wahrheit ausspricht. In gewissem Munde wird auch die Wahrheit zur Lüge. Es ist kein Zweifel: unter den Erscheinungsformen und begrifflich-gefühlsmäßigen Abwandlungen der Idee: Wahrheit, Freiheit, Gerechtigkeit, ist es diese, die Gerechtigkeit, die als Gewissensforderung heute dem Herzen der Menschheit am nächsten liegt. Jeder lebendige Geist, das ist eine Tatsache, erkennt in einem gerechtern sozialen und ökonomischen Ausgleich die Forderung der Weltstunde, und es ist ebenfalls gar keine Frage, daß diese moralisch lebenswichtige Forderung sich nicht nur auf die innere Struktur der Staaten, sondern auch auf die Staatengesellschaft selbst und ihr Zusammenleben zu erstrecken hat. Europa, die Welt sind reif für den Gedanken einer umfassenden Reform der Besitzordnung und der Güterverteilung, einer Sozialisierung der Rohstoffe, die natürlich im Geiste und im Rahmen einer Gesamtverständigung und vernünftigen Generalbereinigung der Konflikte, kurzum, im Geiste des Friedens, der Arbeit und der allgemeinen Wohlfahrt in Angriff zu nehmen wäre. Leider liegt es nun aber so, daß gerade die Staaten, die heute nach außen Gerechtigkeit propagieren, für diesen Gedanken am allerwenigsten reif, ihm moralisch tatsächlich nicht gewachsen sind. Einzig im Sinne des nackten und puren nationalen Egoismus stoßen sie den Schrei nach Gerechtigkeit aus, weit entfernt von dem Gedanken, auch ihnen könnte es zukommen, zum Wohl des Ganzen irgend etwas beizutragen. Legt man ihnen dergleichen nahe, schlägt man ihnen irgendein Zugeständnis an die kollektive Verständigung und Befriedung vor, so sprechen sie verächtlich von einem »politischen Tauschgeschäft«, zu dem sie sich keineswegs hergäben. Sie wollen nur nehmen, nichts geben. Nicht um des Friedens und der gemeinsamen Arbeit willen fordern sie die Neuordnung des Besitzes, sondern zur Erhöhung ihrer Macht, um ihre Kriegsdrohung besser stützen und den Krieg gegebenenfalls erfolgreich führen zu können.

Man sieht, der »äußere Sozialismus« der faschistischen Diktaturen ist nicht ganz der richtige; er ist notwendigerweise so wenig richtig wie der innere. Er ist eine Lüge, denn er will nichts weiter als ablenken von den innern, moralischen und sozialen Aufgaben, denen eine anständige, wirklich auf das Wohl, die Ehre und das Glück ihres Volkes bedachte Regierung, welche nicht nur an die Erhaltung ihrer Gewalt und an die Einschüchterung ihrer Untertanen durch äußere Erfolge dächte, vor allem ihr Augenmerk zuwenden müßte. Der Pazifismus der Völker, die heute den Frieden wollen und ein Recht haben, dieses Wort auszusprechen, beruht auf der Einsicht, daß der Krieg nicht mehr statthaft ist, daß Europa auf eine Stufe der sozialen Gesittung gelangt ist, auf der der Krieg als politisches Mittel unmöglich geworden; daß es der Friede ist, der den Menschen heute ihre Aufgaben stellt, und daß diese Aufgaben groß und dringend genug sind, daß alle Energie, Intelligenz, Opferbereitschaft, aller Heldenmut des Menschen vollauf davon beansprucht werden und Gelegenheit finden, sich daran zu bewähren. Krieg ist nichts als Drückebergerei vor den Aufgaben des Friedens. Er ist, als Ersatz der innern Arbeit und Verbesserung durch das äußere Abenteuer, so tief in moralischen Verruf gekommen daß man zu sehen glaubt, er sei nie etwas anderes gewesen als ein Mittel zur innern Unterdrückung und Niederhaltung der Völker, das große und betrügerische Mittel, sie zum Hurra-Schreien zu bringen ob ihrer eigenen Niederlage vor der siegreichen Regierung. Der Gegensatz von Nationalismus und Sozialismus ist beschlossen in dem Gegensatz von Krieg und Frieden. Ein »ruhmreiches«, nach außen erfolgreiches Regime braucht sich um innere Verbesserungen nicht mehr zu kümmern. Der Probleme der Kultur und des Fortschrittes ist es ledig, wenn es im Glanz des kriegerischen Erfolges dasteht und das Volk, geblendet und verdummt von diesem Glanze, Hurra schreit. Glaubt irgendein Mensch, daß Abessinien zum größern Glück des italienischen Volkes erobert – oder besetzt – worden sei und nicht vielmehr, um die wankende Macht des faschistischen Regimes aufs neue zu fristen? Dazu mußten in größter Eile die abessinischen Dörfer mit Giftgas ausgeräuchert werden. Umgekehrt scheut eine freiheits- und friedensfeindliche Regierung den Krieg nicht aus Sorge vor dem Unheil, das sie damit über ihr Volk heraufbeschwören könnte, sondern ausschließlich aus Furcht vor der Schwächung oder Vernichtung ihrer Autorität als Folge der Niederlage. Sie erwägt ihre Siegeschancen, nicht diejenigen des Volkes. Dies ist der falsche Pazifismus freiheitsfeindlicher Staaten. Solche halten weder Frieden, noch führen sie Krieg zur Vermehrung des Glückes und der Ehre ihres Volkes, sondern beides wägen sie ab, je nachdem es der Erhaltung ihrer Schreckensmacht über das eigene Volk günstig scheint. Auch ihre sozialistisch-proletarische Grimasse nach außen hat nur diesen Sinn. Sie ist eine alberne Lüge. Wenn ihr Volk keinen Raum hat, warum treiben diese Machthaber dann mit allen Mitteln zur Erhöhung der Geburtenzahl, zu einem den Raum immer noch verengenden Anschwellen des Volkskörpers? Es ist freche Unmoral, das Verlangen nach Expansion sozialistisch zu nennen, bevor man sich durch innere Kolonisation, durch eine anständige Agrarreform das Recht auf solche Forderung erworben hat. Statt des Entschlusses zu einer wirklichen und aufrichtigen, nicht nur von der Furcht vor dem eigenen Sturz bestimmten Friedenspolitik, statt sozialer Einfügung in eine kollektive Ordnung, deren Ergebnis Weltwirtschaftsblüte, Austausch der Kräfte und Leistungen, wechselseitige Hilfe, kurz, aller Segen der Vernunft wäre, treiben sie Autarkie,

Abschließung, Kriegswirtschaft, Scheinbeseitigung der Arbeitslosigkeit durch Aufrüstung, zwingen damit die übrige Welt, sich ebenfalls in ein Kriegslager zu verwandeln, hindern jedermann, sich den Aufgaben des Friedens zu widmen und wagen es bei alldem, sich auch noch als die großen Sozialisten zu gebärden ...

Ich sagte, meine Damen und Herren, der Glaube an den zukünftigen Sieg der Demokratie über ihre Widersacher und dieser Sieg selbst seien an bestimmte Bedingungen geknüpft, deren historische Erfüllung der Demokratie heute obliege. Ich nannte die erste dieser Bedingungen: es ist die tiefe und kraftvolle Besinnung der Demokratie auf sich selbst, die Erneuerung ihres geistigen und moralischen Selbstbewußtseins, die Entbindung ihrer Jugendlichkeit aus dem Menschlich-Zeitlosen durch den Gedanken und das Gefühl. Die zweite wird erfüllt durch die klare und unbeschönigte Einsicht in die zweifellos bedrohlichen praktischen Vorteile, auf die ihr zeitlicher Gegner und Konkurrent, der diktatorische Faschismus, seine eigenen Siegeshoffnungen gründet. Es wäre nutzlos, die Augen zu verschließen vor der – freilich hoch bezahlten – Ueberlegenheit an außenpolitischer Stoßkraft, die das Diktatursystem zeitigt, vor einer Geschlossenheit des Willens, die nur erzwungen, sehr oft sogar nur scheinbar sein mag, die aber selbst als Vorspiegelung noch wirksam ist, da das System Mittel und Wege kennt, sie nicht nur den andern Völkern, sondern zuerst dem eigenen weiszumachen. Was man aber zu sein glaubt, das ist man bis zu einem gewissen Grade. Ein solches Volk bietet wirklich – wenigstens augenblicksweise – das Bild eines einheitlichen, ungeheuer selbstbewußten und tatkräftigen, in sich harmonischen und synergetischen Staatskörpers dar, gestählt durch eine wirtschaftliche Kriegsaskese, die – man muß die psychologische Tatsache einsetzen – nicht ausschließlich als Druck und Entbehrung, sondern auch als Reiz, als Anlaß zum Stolz und als Gemeinschaftserlebnis empfunden wird. Das Glück, die Freiheit, ja das Leben des Individuums gelten nichts: es ist Staatsbürger und nichts als das, Teilelement der den Staat verkörpernden Nation. Es ist gehalten – zunächst durch Gewalt, die sich allmählich aber auch des innern Menschen versichert –, sein Denken, Fühlen, Wollen und Handeln in erster und letzter Linie dem Ganzen zu widmen, ihm mit Leib und Seele, Gut und Blut zu dienen. Dem Ziele asketischheroischer Kriegstüchtigkeit und zukünftiger Größe ordnet der totale Staat eisern alle Gebiete des öffentlichen Lebens unter. Er wäre nicht total, wenn er irgendeine Art von Leben duldete, das sich seiner Kontrolle, seinem Dienst entzöge. Das darf kein noch so intimer und privater Winkel der Menschenseele. Was wir Kultur nennen: Religion, Kunst, Forschung, höhere Moral, der freie menschliche Gedanke gilt nicht nur nichts, sondern fällt unter das Verbrechen des Landesverrats, sofern er eben irgendwelche Freiheit und Eigenwürde für sich in Anspruch nimmt. Die Demokratie ist im ganzen noch weit entfernt, sich eine deutliche Vorstellung von dieser faschistischen Konzentration, dem totalen Staat, seinem Fanatismus, seiner Unbedingtheit zu machen, die bereit ist, alle Kultur und Menschlichkeit um des Sieges und der Macht willen daranzugeben und sich auf diese unfaire Weise einen nie dagewesenen und für die Gesittung zunächst völlig verwirrenden Vorteil und Vorsprung im Lebenskampf zu verschaffen.

Dennoch muß sie das Neue, das damit in die Welt gekommen ist, in seiner durchaus bösartigen Neuheit begreifen, um dagegen bestehen zu können. Ihre Gefahr ist die humane Illusion, der gute Glaube, dieses neue Wesen werde mit sich reden lassen, es sei durch Nachgiebigkeit, Entgegenkommen, loyale Zugeständnisse für die Idee des Friedens und des kollektiven Aufbaues zu gewinnen. Das ist ein gefährlicher Irrtum, der seinen Grund in einer völlig verschiedenen Denkweise des demokratischen und des faschistischen Staatsgeistes hat. Demokratie und Faschismus wohnen gleichsam auf verschiedenen Sternen oder, besser gesagt, sie leben in verschiedenen Zeitaltern. Das Welt- und Geschichtsbild des Faschismus ist ein absoluter, von Moral und Vernunft völlig freier und ihnen fremder Dynamismus, dessen Forderungen nicht mit Zugeständnissen zu befriedigen und zur Ruhe zu bringen, sondern durchaus uferlos, unbestimmbar und ohne Grenzen sind. Die Gedanken der Demokratie und des Faschismus müssen einander darum verfehlen, weil dieser in der Vorstellung von Macht und Hegemonie als Ziel und Inbegriff der Politik tief und unbedingt verfangen ist – zu einem Zeitpunkt, wo jene sich für Macht und

Hegemonie, ja für Politik als Mittel dazu gar nicht mehr interessiert, sondern für den Frieden. Es ist ein Konflikt des Mißverständnisses, der sogar viel historische Komik birgt, aber zweifellos für die Demokratie vitale Gefahren mit sich bringt. So gewiß es uns sein mag, daß sie, die den Gedanken der Machtpolitik hinter sich gelassen und sozusagen den Frieden entdeckt hat, die höhere, spätere, neuere Entwicklungsstufe des Geistes und der Moral repräsentiert, so überzeugt ist der Faschismus von seiner eigenen Lebendigkeit und Zukünftigkeit und von der Rückständigkeit, Abgelebtheit, historischen Hinfälligkeit der Demokratie, und in jedem Entgegenkommen, jeder Nachgiebigkeit gegen seine Forderungen wird er immer nur ein Zeichen der Schwäche, der Resignation und der epochalen Abdankung sehen. Was insbesondere Deutschland betrifft, so ist es für eine verständnisvolle Würdigung seiner Ansprüche zu spät und zu früh. Fairness gegen Deutschland war an der Zeit, als der Nationalsozialismus noch nicht die Macht ergriffen hatte und es die friedenswillige deutsche Republik zu stützen und vor ihm zu bewahren gegolten hätte. Fairness wird wieder an der Zeit sein nach Hitlers Fall. Gegenwärtig aber bedeutet jede Erfüllung deutscher Ansprüche einen grausamen und entmutigenden Schlag gegen die auf Freiheit und Frieden gerichteten Kräfte im deutschen Volk; und da deutsche Forderungen im Munde des Nationalsozialismus niemals dem Frieden, sondern ausschließlich der Machterhöhung und der Verbesserung der Kriegsaussichten gelten, so dient man mit ihrer Erfüllung nicht dem Frieden, sondern dem Krieg.

Es ist notwendig, daß die Demokratie dies begreife. Sie muß auch verstehen, welche Vorteile dem Faschismus ein Weltzustand bietet, in welchem die Grenzen zwischen Krieg und Frieden sich verwischt haben und weder der eine noch ausgesprochen der andere herrscht: es fehlt viel, daß von Frieden die Rede sein könnte, aber eine Kriegserklärung ist nicht ergangen, man führt einen inoffiziellen und undeklarierten Krieg, führt ihn zur Probe auf entlegenen Schauplätzen und mit beschränkten Mitteln, während man die großen Kriegsapparate noch schont – eine zweideutige oder doch nicht voll eindeutige Situation, die der Faschismus erfunden hat und die ihm außerordentlich behagt. Es ist wahrscheinlich, daß er sie dem wirklichen, dem großen und offenen Krieg so lange als möglich vorziehen wird, denn dieser würde den starken Anteil, den Lüge und Vortäuschung an seinem »totalen Staate« haben, rasch augenfällig werden lassen, die niedergehaltenen Kräfte menschlicher Freiheit würden durch den ersten Rückschlag, den die Tyrannei erlitte, unfehlbar entbunden werden: darum scheut der Faschismus den Krieg, zu dem er erzieht und dessen pazifistische Gegner er dem Henkerbeil überliefert. Er zweifelt im Grunde sehr daran, daß seine »Volksgemeinschaft« die Feuerprobe des Krieges, wenn er nur einige Zeit dauert, bestehen würde – wir haben die verräterische Allokution gehört, in der ein deutscher Oberpolizist von den drei Fronten sprach, an denen der zukünftige Krieg werde geführt werden müssen: der auf der Erde, der in der Luft und der im Innern des Landes. Das ist klar gesprochen. Der Faschismus gibt zu, daß er im Kriege nicht zuletzt mit dem eigenen Volk und Land zu tun haben wird, daß er keineswegs sicher ist, dieses werde mit ihm durch dick und dünn gehen, daß vielmehr für ihn der äußere Krieg fast sofort auch der Bürgerkrieg wäre. Kein Wunder, daß er diesem Wagnis den Frieden oder vielmehr den Mittelzustand zwischen Krieg und Frieden vorzieht, der seine Erfindung ist und der ihm erlaubt, den innern und äußern Bluff, die Erpressung der demokratischen Friedensliebe sicherer fortzusetzen und vielleicht ohne eigentlichen Krieg zu seinen Machtzielen zu gelangen – besonders, wenn er den Zeitgewinn zu einer Art von Politik benutzt, vor der die Demokratie sich so gut wie wehrlos erweist, aus menschlich sympathischen Gründen, wie man zugeben muß, einfach, weil ihre Kinderstube ihr nicht erlaubt, ihr ein Gleiches entgegenzusetzen. Es ist eine Politik der Hintertreppe, des Schundromans und des Verbrechens – höchst ekelhaft zu betrachten, und ein Zeugnis dafür, wohin es mit der Politik kommt, wenn der Wille des Weltgeistes eigentlich schon über sie hinaus ist und nur noch rückständiger- und anachronistischerweise »Politik« getrieben wird. Mord, Bestechung, korrupte Intrigen spielen eine Hauptrolle darin, Mittel von hemmungsloser Niedrigkeit, aber auch von vorläufiger Wirksamkeit ohne Zweifel, wenn der Gegner aus seelischen Gründen gezwungen ist, sie mit gekreuzten Armen walten zu lassen.

Ich schildere einen Zustand, meine Damen und Herren, welcher den Sieg der Demokratie, an den wir glauben, schmerzlich verzögern, ihm schwere historische Niederlagen in den Weg legen kann, wenn die Demokratie sich nicht klare Rechenschaft von ihm gibt und nicht alle ihre eingeborenen Hilfsmittel an Lebens- und Erneuerungskräften aufbietet, ihm zu begegnen. Ich sage mit einfachen Worten, was not tut. Es ist eine Reform der Freiheit, die etwas anderes aus ihr macht, als was sie zur Zeit unserer Väter und Großväter, in der Epoche des bürgerlichen Liberalismus, war und sein durfte, etwas anderes als »laissez faire, laissez aller«, denn damit kann sie nicht bestehen, sie kommt damit nicht mehr aus. Die Reform, die ich meine, muß eine soziale Reform, eine Reform sozialen Sinnes sein: nur durch eine solche kann die Demokratie dem Faschismus und auch dem Bolschewismus den Wind aus den Segeln nehmen, kann sie der Diktatur den bloß zeitlichen und stark lügenhaften, aber werbekräftigen Jugendlichkeitsvorsprung abgewinnen. Und zwar muß diese soziale Reform der geistigen sowohl wie der ökonomischen Freiheit gelten. In beiden Beziehungen sind die Zeiten des Manchestertums und des passiven Liberalismus vorüber. Der Liberalismus ist der Freiheit ausgetrieben worden – mit Skorpionen hat man ihn ihr ausgetrieben. Sie hat gelernt. Humanität wird nicht länger eine Duldsamkeit bedeuten, die sich auf alles erstreckt – auch auf die Entschlossenheit, der Humanität den Garaus zu machen. Aug' in Auge mit dem Fanatismus selbst, ist eine Freiheit, die aus lauter Güte und humaner Skepsis nicht mehr an sich selber glaubt, verloren. Nicht eine Humanität der Schwäche und der selbstbezweifelnden Duldsamkeit ist es, die heute der Freiheit not tut – damit nimmt sie sich erbärmlich und gottverlassen aus angesichts eines Gewaltglaubens, der von keines Gedankens Blässe im mindesten angekränkelt ist. Was not tut, ist eine Humanität des Willens und der kämpferischen Entschlossenheit zur Selbsterhaltung. Die Freiheit muß ihre Männlichkeit entdecken, sie muß lernen, im Harnisch zu gehen und sich gegen ihre Todfeinde zu wehren, muß endlich, nach bittersten Erfahrungen, begreifen, daß sie mit einem Pazifismus, der eingesteht, den Krieg um keinen Preis zu wollen, den Krieg herbeiführt, statt ihn zu bannen.

Soviel von der geistigen Reform der Freiheit. Was ihre Erneuerung von der ökonomischen Seite her betrifft, so ist zu sagen, was jeder weiß: daß ihr sittlicher Makel und Nachteil, welcher es dem Faschismus sogar gestattet, sich ihr gegenüber »idealistisch« aufzuspielen, die Geldherrschaft ist, die sie zeitigt, und die durch die bürgerliche Revolution als das Modernere, aber nicht Edlere, an die Stelle der feudalen Vorrechte und Ungleichheiten gesetzt wurde. Will die Demokratie ihre unzweifelhafte moralische Ueberlegenheit über den Faschismus historisch wirksam machen und seinem PseudoSozialismus ein Paroli bieten, so muß sie im Oekonomischen ebenso wie im Geistigen von sozialistischer Moral das zeitlich Gebotene und Unentbehrliche in sich aufnehmen. Hier ebenfalls muß die Freiheit sich durch soziale Disziplin ergänzen; sie muß die bürgerliche Revolution aus dem Politischen ins Wirtschaftliche fortentwickeln, in der Erkenntnis, daß Gerechtigkeit die herrschende Idee der Epoche, ihre Verwirklichung, soweit sie in Menschenkräften steht, eine Angelegenheit des Weltgewissens geworden ist, deren man sich nicht entschlagen, über die man nicht hinwegleben kann. Es ist lächerlich genug, zu sehen, wie heute der General der spanischen Reaktion, Franco, dem Volke, das sich verzweifelt seiner Revolte erwehrt, sozialistische Versprechungen macht; denn wozu das ganze im Auftrage des Feudalismus, des Kapitals und des Auslandes begonnene Unternehmen, wozu der Bürgerkrieg, wenn es nun auf Sozialismus hinauslaufen soll? Man weiß natürlich, wie das Wort gemeint ist: im faschistischen Sinn. Der brave Volksfeind hat sich nie träumen lassen, daß er es je in den Mund nehmen werde; aber seine deutschen und italienischen Ratgeber, die sich auf faschistische Propaganda verstehen, haben ihm gesagt, daß es ohne das heute nicht geht. Eben dies aber zeigt, welchen beherrschenden Rang der Zeitgeist dem sozialen Gedanken zuweist. Jeder, der es als großes menschliches Unglück empfände, wenn im historischen Ringen der Weltanschauungen die Demokratie aus Mangel an Angepaßtheit versagte, muß wünschen, wie man das Notwendige wünscht, daß sie, im Oekonomischen wie im Geistigen, aus einer liberalen zur sozialen Demokratie werde.

Schreckt diese Forderung ab durch das Revolutionäre ihres Klanges? Aber er ist sehr relativ zu verstehen, dieser Revolutionarismus, er ist in Wirklichkeit konservativen Sinnes, denn er zielt ab auf die Erhaltung der abendländischen Kulturtradition, auf ihre Verteidigung gegen die Barbarei und das politische Amokläufertum aller Art. Ich nenne Franklin D. Roosevelt einen konservativen Staatsmann eben des sozialen Einschlages wegen, den bei ihm die Demokratie gewinnt und mit dem er, ein wahrer Freund und aufrichtiger Diener der Freiheit auch da, wo er sie sozialistisch bedingt und regelt, dem Faschismus sowohl wie dem Bolschewismus den Wind aus den Segeln nimmt. Aus demselben Grund nenne ich die Bestrebungen der französischen Volksfront so, und stimme darin überein mit konservativen Politikern, wie dem katholischen Deputierten Le Cour Grand-Maison, einem Royalisten obendrein, der heute als eine der bedeutendsten Erscheinungen der Französischen Kammer gilt. »Hoffen wir«, rief er vor kurzem, »daß bald der Tag anbricht, an dem die Franzosen sich ohne Unterschied ihres sozialen Ursprungs auf neuer Grundlage zusammenfinden und im Interesse Frankreichs und der Freiheit das vollführen, was die Einen Strukturreformen nennen, und was ich selbst eine friedliche Revolution nennen will. Wir haben nicht die Pflicht, eine unmenschliche soziale Ordnung zu konservieren, sondern wir müssen im Gegenteil alle darauf hinarbeiten, daß eine humanere Ordnung an ihre Stelle tritt, die die wahre Hierarchie der Werte aufbaut, das Geld in den Dienst der Produktion stellt, die Produktion in den Dienst des Menschen und den Menschen selbst in den Dienst eines Ideals, das dem Leben einen Sinn gibt.« Diese Worte eines christlich-konservativen Vertreters des in sozialen Dingen feinfühligsten Landes der Erde sind neu, sie sind das Neue. Das Neue in der Welt ist das, was die politische Jugend Frankreichs den »ökonomischen Humanismus« nennt. »Das Neue in der Welt«, so hat der Belgier Vandervelde dem Herrn des Palazzo Venezia kürzlich geantwortet, als er wieder einmal prophezeit hatte, Europa werde morgen faschistisch sein, »das eigentlich und wirklich Neue in der Welt ist die soziale Demokratie.«

Das ist die Wahrheit. Es ist die Wahrheit, welche die aus den Reserven ihrer Zeitlosigkeit verjüngte Freiheit dem prahlerischen Jugendlichkeitsanspruch der Diktatur entgegensetzt. Die soziale Erneuerung der Demokratie ist Bedingung und Gewähr ihres Sieges. Sie wird die »Volksgemeinschaft« schaffen, welche sich dem Lügengebilde, das der Faschismus so nennt, im Frieden schon und, wenn es sein muß, auch im Kriege weit überlegen erweisen wird. In ihr ist die Gemeinschaft schon lebendig, die das Ziel aller Politik ist und sie endlich aufheben soll: die Gemeinschaft der Völker.

»Vom zukünftigen Sieg der Demokratie« ist Bestandteil eines Essay-Bandes »Achtung, Europa!«, der im Verlage Bermann-Fischer, Stockholm, erscheint.

GOETHE
UND
DIE DEMOKRATIE

Zweihundert Jahre nach Goethes Geburt, hundertundsiebzehn nach seinem Tode, tut man gut, einen Vortrag über ihn mit dem Satz zu beginnen: Ich habe Ihnen nichts Neues zu sagen. Dies wunderbare, große und gesegnete Leben ist, beinahe von dem Augenblick seines Erlöschens an und dann durch die Jahrzehnte hin, studiert und bis in den letzten Winkel abgeleuchtet und dargestellt, dies herrliche Werk kommentiert, gefeiert, philologisch durchpflügt und geistig erörtert worden, wie nicht leicht eines anderen Sterblichen Leben und Werk, und das Gefühl, daß man zu spät kommt mit allem Vorbringen über das Phänomen, ist nur zu berechtigt. Tout est dit – es ist alles gesagt, von Deutschen und Nicht-Deutschen, und das Schlimme ist: ich selbst habe das Meine gesagt und meinen Sack gelehrt – in einem halben Dutzend Aufsätzen habe ich das getan und in einem ganzen Roman, und nicht nur eine Weltkonkurrenz habe ich also zu bestehen, indem ich es wage, noch einmal über Goethe zu sprechen, sondern auch meine eigene.

Offen gestanden bin ich nicht sehr stolz auf diese Beiträge, auf die kritische und sogar dichterische Versenkung in dies Leben und Werk, diese in ihrer Differenziertheit und Monumentalität freilich so unendlich fesselnde Persönlichkeit – eine Versenkung, die wahrhaftig zu dem Ruf eines gewissen Spezialistentums, ja einer imitatorischen Jüngerschaft geführt hat. Ich bin nicht stolz darauf, weil es die Versenkung ist eines Deutschen in das Deutsche. Weit mehr imponiert mir, was seit Carlyles und Emersons Tagen bis zu Gide und Valéry und der englischen Goethe-Forschung, von Nicht-Deutschen also, zur Erkenntnis der großen deutschen Erscheinung beigesteuert worden ist. Vor vielen Jahren fragte ich einmal einen in Deutschland zurückgelassenen Freund, den berühmten Romanisten Carl Voßler, aus welchem Grunde und Antrieb er sich mit solcher Entschiedenheit von früh an dem Studium der lateinischen Sprachen und Literaturen ergeben und nicht Hölderlin oder Hebbel, sondern Dante, Racine und Calderon seine glänzenden Arbeiten gewidmet habe. Er anwortete mir: »Es war das Bedürfnis nach dem ganz anderen.« Das machte mir großen Eindruck; denn so ehrenhaft und richtig mir dieses Bedürfnis erschien – ich mußte mir gestehen, daß meine eigene Bildung wesentlich nicht davon bestimmt gewesen war; daß sie ganz vornehmlich aus deutschem Erdreich ihre Nahrung gezogen, und daß ich auch als kritischer Schriftsteller und huldigender Interpret fast nie dem Fremden, sondern fast ausschließlich dem Heimischen gedient hatte. Ich schämte mich dessen, schämte mich meines Germanistentums – denn im Grunde sagte mir mein Gefühl und wird nie aufhören, es mir zu sagen, daß eigentlich die

Bildung erst mit der Kenntnis, der Eroberung und Durchdringung des »ganz anderen«, der fremden Sprache, Kultur und Geistesform und dem Heimischwerden in ihr beginnt, und ich wäre zufriedener mit mir, wenn ich über Pascal, Diderot, Vauvenargues oder Wordsworth und Keats gearbeitet hätte, statt über Kleist, Wagner und selbst Goethe. Als kürzlich in Amerika meine gesammelten Aufsätze, »Essays of Three Decades« zum erstenmal in englischer Sprache erschienen, stellte die Kritik nicht geradezu tadelnd, aber doch mit einer gewissen Geringschätzung fest, daß, mit Ausnahme von Tolstoj und dem Verfasser des »Don Quixote«, lauter deutsche Gestalten unterschiedlichen Ranges den Gegenstand dieser Eulogien und Studien bildeten, und ich konnte gar nicht umhin, aus dieser Feststellung den Vorwurf des Provinzialismus herauszuhören. Denn, woran es nun immer liegen möge, diesem Vorwurf ist die Beschränkung eines deutschen Geistes auf das Deutsche am stärksten ausgesetzt. Dem Deutschen am allerwenigsten steht es an, in seiner Frau Muttersprache und dem, was darin geschrieben ist, sein Genüge zu finden, ihm besonders gebührt Expansivität, Weltsinn, die Kenntnis und Bewunderung, das Aufnehmen und Verarbeiten des Fremden, und gerade das mag er von seinem Goethe lernen, der als 78jähriger zu Eckermann sagte: »Wenn wir Deutschen nicht aus dem engen Kreise unserer eigenen Umgebung hinausblicken, so verfallen wir leicht pedantischem Dünkel. Ich sehe mich daher gern bei fremden Nationen um und rate jedem, es auch seinerseits zu tun. Nationalliteratur will jetzt nicht viel sagen, die Epoche der Weltliteratur ist an der Zeit, und jeder muß jetzt dazu wirken, diese Epoche zu beschleunigen.«

Die Nachfolge Goethes, das Bekenntnis zu ihm, bedeutet also denn doch wohl nicht deutsches Provinzlertum – und überhaupt darf ich sagen, daß, wenn ich viel über Deutsches und wenig über Fremdes geschrieben habe, ich doch im Deutschen immer die Welt, immer Europa gesucht habe und unbefriedigt war, wenn ich es nicht fand. Es ist nichts weniger als ein Zufall, daß die deutschen Gestalten, die ich mir zu Lehrern und Führern ersah, diese Schopenhauer, Nietzsche, Wagner und in späteren Jahren an erster Stelle Goethe, alle ein stark über-deutsches, europäisches Gepräge tragen. Es war das Europäische auf deutsch, was ich in ihnen fand, ein europäisches Deutschland, welches immer das Ziel meiner Wünsche und Bedürfnisse bildete – sehr im Gegensatz zu dem »deutschen Europa«, dieser Schreckensaspiration des deutschen Nationalismus, die mir von je ein Grauen war und die mich aus Deutschland vertrieb. Es muß ja kaum gesagt werden, daß in diesen beiden Konzeptionen die Unterscheidung begründet liegt, die die Welt zwischen einem »guten« und einem »bösen« Deutschland macht: das europäische Deutschland, das ist zugleich das im weitesten Sinne des Wortes »demokratische« Deutschland, dasjenige, mit dem sich leben läßt, das der Welt nicht Furcht, sondern Sympathie erregt, weil es teil hat an der demokratischen Menschheitsreligion, von der das moralische Leben des Abendlandes letztlich bestimmt ist und die gemeint ist, wenn wir das Wort »Zivilisation« sprechen.

Das Unglück wollte, daß dieser europäische Demokratismus es in Deutschland nie zu viel politischer Macht brachte, daß Macht sich niemals mit ihm verbinden wollte, sondern, anders als bei andern Völkern, diese Idee historisch fast gleichbedeutend mit deutscher Ohnmacht wurde. »Tatenarm und gedankenreich« nannte Hölderlin das alte, fromme, geistige und machtlose Deutschland, und das klingt liebevoll, klingt nach Einwilligung und Bejahung. Aber es ist an der deutschen Diskrepanz zwischen Geist und Macht, Gedanke und Tat, dem Widerspruch zwischen kulturellem Rang und politischer Misere auch gelitten worden: Goethe, eine weniger ätherische Natur als Hölderlin, hat erklärtermaßen darunter gelitten und gelegentlich den weltfremden Theoretizismus des deutschen Charakters verwünscht. »Während die Deutschen«, sagte er 1829 zu Eckermann, »sich mit Auflösung philosophischer Probleme quälen, lachen uns die Engländer mit ihrem großen praktischen Verstand aus und gewinnen die Welt.«

Nun will ich ganz offen sein und erklären, daß ich dies Wort nicht liebe. Erstens hat England das arme, geistige und unpraktische Deutschland von dazumal durchaus nicht ausgelacht. Es hat im Gegenteil viel Hochachtung und Bewunderung dafür gehabt, was dem alten Goethe die vielen Engländer hätten zeigen können, die nach Weimar pilgerten. Zweitens war es nicht wohlgetan, England nur auf den praktischen Weltverstand festzulegen und es mit der ostindischen Kompanie gleichzusetzen, denn es hat ja der Welt den größten Dramatiker, eine lange Reihe bedeutender Denker und Schriftsteller und eine sublime Lyrik gegeben, und aus jener Gegenüberstellung spricht sogar eine leise nationale Überheblichkeit, des Sinnes beinahe, als sei Deutschland das auserwählte Volk des Geistes. Drittens aber, und das ist das Bedenklichste, liegt in dem Wort eine gewisse Aneiferung für die Deutschen, es England gleichzutun und sich auch auf die Gewinnung der Welt zu verlegen – der Ansporn zu einem konkurrierenden Neide also, der dann in der deutschen Geschichte eine sehr unglückliche Rolle gespielt hat.

Das sind Einwände gegen ein Wort, das pädagogisch gemeint war und auch wirklich des pädagogischen Wertes nicht entbehrte; denn Goethes Lob des »praktischen Verstandes« kommt einer Ermalinung gleich an Geist und Denken, nicht in den Wolken zu schweben, sondern sich mit dem Leben zu vereinigen und sich ihm verantwortlich zu fühlen; es zielt ab auf einen *demokratischen Pragmatismus*, an dem es in Deutschland tatsächlich immer und auch dann, wenn das »Leben« als oberster Wert dionysisch gefeiert wurde, allzusehr gefehlt hat und dessen Partei der größte Dichter, nicht nur in jenem Gelegenheitswort, gegen den Hochmut des Geistes nahm. Ich zitiere da Maurice Barrès, der Goethes »Iphigenie« »ein zivilisierendes Werk« genannt hat, welches »die Rechte der Gesellschaft gegen den Hochmut des Geistes vertritt« – eine Kennzeichnung, die fast genauer noch auf den »Tasso« zutrifft, dieses Werk der Selbstzucht und -züchtigung, ja der Kasteiung, eine Dichtung, die bis zur Preisgabe der Poesie und des Dichtertums an die Nüchternheit der gesellschaftlichen Ordnung, des »praktischen Verstandes« geht – sehr zum Kummer von Dichtern gleich Rilke, die darin eine Verräterei, nämlich den Verrat der Kunst an das Leben, sehen. Die aristokratische Einsamkeit der Kunst und ihre leidende Abgeschiedenheit vom Leben ist ihnen eine Herzenssache, und mit Widerwillen sehen sie den abscheulichen Mann der Welt, Antonio, im Drama das Feld behaupten.

Darüber hat man neulich in den Publications of the English Goethe Society eine ausgezeichnete Studie, »Rilke and Goethe« von Eudo C. Mason, gelesen, in der nicht versäumt war, das Ressentiment Rilkes gegen den »Tasso« mit der Goethe-Kritik des Novalis in Parallele zu stellen. Der hat den »Wilhelm Meister« ein höchst undichterisches Werk, einen »Candide, gerichtet gegen die Poesie«, genannt. Das Romantische geht darin zugrunde, sagt er, auch die Naturpoesie, das Wunderbare. Die ökonomische Natur bleibe als die wahre übrig. Goethe sei ganz praktischer Dichter, heißt es da, er sei in seinen Werken, was der Engländer in seinen Waren sei: höchst einfach, nett, bequem und dauerhaft ... Die Übereinstimmung der Gesinnungen ist vollkommen. Es ist ein und dieselbe von zarter

Erbitterung vibrierende Stimme, die Stimme poetisch-aristokratischen Leidens am Leben gegen den, der sich auf die Seite des Lebens stellte und das kühl abweisende Wort gesprochen hat: »Von Leiden kann ja bei der Kunst nicht die Rede sein.« Er hat aber auch ganz andere Worte gesprochen, zum Beispiel dieses, das in der Italienischen Reise gelegentlich Raffaels fällt: »Denn wir ahnen die furchtbaren Bedingungen, unter welchen allein sich selbst das entschiedenste Naturell zum Letztmöglichen des Gelingens erheben kann.« Wer zweifelt, daß er diese »furchtbaren Bedingungen« nicht nur ahnte, sondern daß er sie kannte? Wer zweifelt, daß alles, was wir an Vorstellungen von Harmonie, glücklicher Ausgewogenheit und Klassizität mit Goethes Namen verbinden, nichts leichthin Gegebenes, sondern eine gewaltige Leistung war, das Werk von Charakterkräften, durch welche gefährlichste und möglicherweise zerstörerische Anlagen überwunden, genützt, verklärt, versittlicht wurden, zum Guten und Großen gewendet und gezwungen? Sein Dasein kann einem wohl als ein Messertanz von Schwierigkeit und Liebe zur Fazilität erscheinen, als ein Nur-gerade-möglich, das gleich auch noch Genie war – mag sein, Genie ist immer ein Nur-ebenmöglich. Man hat dieses Leben ein Kunstwerk genannt, man sollte es ein Kunststück nennen. So hat er selbst es gekennzeichnet in dem Spruch, den er sich hätte zur Grabschrift bestellen können:

»Wohl kamst du durch, so ging es allenfalls.
Mach's einer nach und breche nicht den Hals!«

Ich war entzückt, als ich in dem ausgezeichneten Buch von Barker Fairley, »*A Study on Goethe*«, diese Worte las, die ich übersetze: »Er versah sich nicht des Heraufkommens einer Anschauungsweise in dem Jahrhundert nach ihm, die es vorgezogen hätte, wenn er um jeden Preis in die Brüche gegangen wäre, wie ein rechter Dichter, anstatt aus den Dingen einen Erfolg zu machen, und hätte er sie vorhergesehen, so war glücklicherweise etwas in ihm, das sie zurückgewiesen haben würde. Denn wenn der Trieb zum Überleben für die Menschheit wertvoller ist als der Trieb zum Untergang, dann bedeuten Goethes Leben und Werk, wie wir sie jetzt haben, mehr, als sie hätten bedeuten können, wäre er zerknickt unter dem Druck seiner selbst oder hätte er unterlassen, zu tun, was er getan hat.«

Dieses »to make a success of things«, dieser der Menschlichkeit nützliche Wille, zu überleben, – hat er nicht etwas Demokratisches im Vergleich mit – und im Gegensatz zu – dem aristokratisch-poetischen Willen zum Untergang? Im Epilog zu Schillers »Glocke« gebraucht Goethe einmal das Wort »lebenswürdig«. »Den Lebenswürdigen«, klagt er, »soll der Tod erbeuten!« Als junger Mensch, der von Schopenhauer die große Erlaubnis zum Pessimismus erhalten hatte, war ich sehr betroffen von diesem Ausdruck, der, soviel ich weiß, eine persönliche Wortschöpfung Goethes ist. Er verwirrte meinen jugendlichen Begriff von Geistigkeit, Künstlertum, Poesie, der recht eigentlich auf eine vornehme Untauglichkeit und Unberufenheit zum irdischen Leben hinauslief. Die Zeit war fern, da ich Goethes Willen und Fähigkeit, aus den Dingen, das heißt aus schwierigsten Voraussetzungen, »einen Erfolg zu machen«, als das größte und liebenswürdigste Vorbild betrachten sollte. Aber ich drücke heute nur aus, was ich damals empfand, wenn ich sein gutwilliges Verhältnis zum Leben und seine Ablehnung des poetischen Unterganges als einen demokratischen Zug anspreche, den man nicht eben deutsch nennen kann, und der seine innere Distanz zum Deutschtum mitbestimmt haben mag. »Die Deutschen lieben den Tod«, hat George Clémenceau während des ersten Weltkrieges gesagt. »Sehen Sie ihre Literatur an! Sie lieben im Grunde nur ihn.« Das hat viel Wahrheit, aber Goethe kann der psychologisierende Staatsmann dabei nicht im Auge gehabt haben, denn der widerstand allem deutsch-romantischen Todeskult, und ich glaube, wenn man den Dingen auf den Grund geht, so ist es seine Lebensfreundschaft, um derentwillen das demokratische Europa ihn für sich in Anspruch nimmt.

An diesem Punkt scheint mir eine Einschaltung nötig. Lassen Sie uns bedenken, daß Goethe weder ein philosophischer Systematiker noch ein starrer Anhänger von Dogmen und Meinungen war, sondern daß die Quelle seiner dichterischen Fruchtbarkeit die Polarität, der unerschöpfliche Reichtum an Widersprüchen war, den seine Natur umfaßte und der seine Zeitgenossen zuweilen verleitete, ihn eines gewissen natur-elbischen Nihilismus zu beschuldigen. Oft ist gesagt worden, daß mit Worten

Goethes alles in der Welt belegt und bewiesen werden kann. Trotzdem, und ungeachtet der Widersprüche, die auch wir heute abend zu beobachten haben werden, finden wir bei ihm einen Wesensgrund unerschütterlich großer Menschlichkeit und verläßlicher Güte, in welcher alle Widersprüche sich auf eine hohe, fast göttliche Weise auflösen, und auch, was in seiner politischen Weltanschauung unstimmig gegeneinanderzustehen scheint, löst sich für den tieferen Blick auf in dieser unfehlbaren Menschlichkeit.

Ich weiß wohl, daß man den Dingen sehr auf den Grund gehen und den Begriff des Demokratischen sehr weit fassen muß, um Goethe darin einzubeziehen. Denn im Engeren und gegen die Oberfläche hin spricht beinahe überwältigend viel für seine Gegenstellung zur Demokratie, politisch und moralisch, und das hängt nun gerade wieder mit seinem positiven Verhältnis zum Leben, mit seinem natürlichen Selbstgefühl als Günstling der Götter und Vorzugskind der schaffenden Macht zusammen, als Herr der Welt, der es als ein Unglück betrachten würde, in der Opposition zu sein. So hat er es gesagt: »Wenn ich das Unglück hätte, in der Opposition zu sein« – und vergaß ganz dabei, daß manchmal auch, die Torys in der Opposition sind. Er kannte wohl die Verbindung von Zartheit und Zähigkeit, die die besondere Vitalität des Genies ausmacht, sprach gern davon, daß außerordentliche Menschen vermöge ihrer Sensibilität leicht einer fortgesetzten Kränklichkeit ausgesetzt sind, und war selbst viel krank.

Im Grunde war es, seit Werthers Tagen schon, eine *gefährdete* Freundschaft, die er unterhielt mit dem Leben, aber er liebte es sehr, Saft und Kraft zu prästieren, den breit aufgepflanzten Sohn der Erde, den Eichbaum zu spielen und auf seine Dauerhaftigkeit zu pochen, seine Langlebigkeit, die Valéry so sehr bewunderte: »Ce qui me frappe dans Goethe, avant toutes choses, c'est cette vie fort longue – un changement d'amplitude presque séculaire.« Er selbst hat sie bewundert und sich über flüchtige Lebenskraft oder eine solche, die nicht aufs äußerste vorhielt, humoristisch geringschätzig geäußert. Mit 81 sagt er: »Da ist der Sömmering (ein namhafter deutscher Anatom) gestorben, kaum elende fünfundsiebzig Jahre alt. Was doch die Menschen für Lumpe sind, daß sie nicht die Courage haben, länger auszuhalten als das! Da lobe ich mir meinen Freund Bentham (den englischen Ökonomisten und Utilaristen), diesen höchst radikalen Narren; er hält sich gut, und doch ist er noch einige Wochen älter als ich.«

Ich weiß nicht, zum wievielten Male ich die Anekdote erzähle. Ich liebe sie ausnehmend, und zwar wegen ihres Reichtums an Implikationen, ihres vielfältigen moralischen und psychologischen Gehalts – wobei ich vor allem an den Spott über Benthams »Radikalismus« denke, der sehr zur Sache gehört. Der Gesprächspartner meinte: In England geboren, wäre Seine Exzellenz auch wohl ein Radikaler geworden und gegen Mißbräuche in der Staatsverwaltung zu Felde gezogen. Darauf Goethe, mit der Miene des Mephistopheles: »Wofür halten Sie mich? Ich hätte sollen Mißbräuchen nachspüren und noch obendrein sie aufdecken und namhaft machen, ich, der ich in England von Mißbräuchen würde gelebt haben? In England geboren, wäre ich ein reicher Herzog gewesen oder vielmehr ein Bischof mit jährlichen dreißigtausend Pfund Sterling Einkünften.« – Da meint der andere, er hätte in der Lotterie des Lebens doch auch eine Niete ziehen können, es gebe so viele Nieten! – Und Goethe: »Nicht jeder, mein Lieber, ist für das große Los gemacht. Glauben Sie denn, daß ich die Sottise begangen haben würde, auf eine Niete zu fallen?« – Das ist Übermut, Lebensprahlerei, unbedingtes Vornehmheitsbewußtsein. Daß er seine Geburt und Existenz in Deutschland im Grunde als eine Mesquinerie betrachtet – im Vergleich mit dem, was er in England gewesen wäre –, geht nebenbei daraus hervor. Die Hauptsache aber ist die metaphysische Gewißheit, unter allen Umständen ein Mann des großen Loses, unter allen Umständen wohlgeboren, ein großer Herr, ein Mann der Welt zu sein, über deren Korruption sich zu empören, Sache der Schlechtweggekommenen ist.

Er liebte eine Redensart, die logisch gar nicht zu rechtfertigen ist, aber ihm mit vornehmer Selbstverständlichkeit von den Lippen geht: Er spricht von »angeborenen Verdiensten«. Wieso? Das ist ja ein hölzernes Eisen. Verdienste sind nicht angeboren, sie werden erworben, errungen, und das Angeborene ist kein Verdienst, es sei denn, man löse dies Wort aus allen seinen moralischen Beziehungen. Das ist es jedoch genau, worauf er es absieht. Die Redewendung ist ein bewußter Affront gegen das Moralische, gegen alles Wollen, Ringen, Streben, Kämpfen, das höchstens lobenswert, aber nicht vornehm ist, und das er im Grunde für aussichtslos hält. »Man muß etwas *sein*«, erklärt er, »um etwas zu machen.« Und wenn er sagen hört, Denken sei schwer, so antwortet er : »Das Schlimme ist, daß alles Denken zum Denken nichts hilft. *Man muß von Natur richtig sein*, so daß die guten Einfälle immer wie freie Kinder Gottes vor uns dastehen und uns zurufen: Da sind wir!»

Als »von Natur richtig«, als adelig von Gnaden der Natur hat er sich zweifellos gefühlt und hat versichert, daß er nie einen präsumtuoseren Menschen gekannt habe, als sich selbst. Für gesellschaftliche Ambition, für irgendwelche Art von Snobismus läßt dies Selbstgefühl keinen Raum. Das Adelsdiplom, das sein Herzog ihm früh vom Kaiser erwirkte, war ihm »nichts, gar nichts«, denn, sagt er, »wir Frankfurter Patrizier fühlten uns immer dem Adel gleich«. Und er fügt hinzu: »Ja, es war mir selber so wohl in meiner Haut, und ich fühlte mich selber so vornehm, daß, wenn man mich zum Fürsten gemacht hätte, ich es nicht eben sonderlich merkwürdig gefunden haben würde.« – Nebenbei: Es hätte durchaus bei ihm gestanden, Fürst zu werden. Wäre er, wie er zeitweise stark versucht war, zu tun, der Aufforderung Napoleons gefolgt, seine Tätigkeit nach Paris zu verlegen, und hätte er dort den »Cäsar« geschrieben, den Napoleon wünschte, und in dem Goethe nur seinem Jugendhaß auf die »nichtswürdigen«, die »niederträchtigen« Mörder hätte die Zügel schießen zu lassen brauchen, so hätte der Kaiser ihn bestimmt zum Fürsten gemacht, wie er seiner eigenen Aussage nach Corneille dazu gemacht haben würde. Im Alter erschien übrigens wirklich seine Existenz der Mitwelt in fürstlichem Licht, was seinen Ausdruck in bestimmten brieflichen Anreden fand. Französische Korrespondenten nannten ihn »Monseigneur« – was eigentlich ja ein prinzlicher Titel ist. Ein Engländer schrieb: »Seiner Durchlaucht, dem Fürsten Goethe in Weimar.« »Das möchte«, erläuterte der Alte, »denn wohl daher kommen, daß man mich gern den Dichterfürsten nennt.«

Es bezog sich aber gerade nicht im engeren Sinn auf sein Dichtertum, das nur die Gestalt war, die seine Größe in dem armen, wirklichkeitslosen, geistigen Deutschland, dem »Lande der Dichter und Denker«, annahm. Er war mehr als ein Dichter: ein Weiser, ein Herrscher, der letzte Repräsentant und geistige Gebieter Europas, ein großer Mensch. Und es fragt sich nun, wie weit Größe sich mit Demokratie verträgt – eine vielleicht unvorsichtige Frage, wenigstens wenn man Deutschland dabei im Auge hat, wo immer die Größe zu einem undemokratischen Hypertrophieren neigt: es ist dort zwischen ihr und der Menge eine Kluft, ein »Pathos der Distanz«, um Nietzsches Lieblingswort zu gebrauchen, wie es anderwärts in dieser Schärfe nicht vorkommt – in Ländern, wo Größe nicht Knechtschaft auf der einen und ein Überwuchern absolutistischen Ich-Gefühls auf der andern Seite schafft. Von diesem Absolutismus und persönlichem Imperialismus hatte Goethes majestätisches Alter viel; der Druck dieses Alters auf alles, was neben ihm auch noch leben wollte, war schwer, und nicht nur Nymphenklage um den großen Pan wurde bei seinem Tode laut, sondern auch ein deutliches »Uff!«

Seine Lebensverbundenheit, demokratisch im Gegensatz zum poetischen Aristokratismus des Todes, hat viele Fazetten und Brechungen, die jeden Zweifel rechtfertigen, ob die europäische Demokratie ihn zu den Ihren zählen darf. Es ist ja kein Zufall, daß diese Lebensverbundenheit sich im gleichen Satz und Atem als ein Trumpfen auf seine vitale Ausdauer und als Spott auf den politischen Radikalismus äußert. Sein Anti-Radikalismus hat tiefe Wurzeln, er hat vor allem zu tun mit seiner Idee von der Vollkommenheit und Notwendigkeit alles Daseins, von einer Welt, die von End-Ursachen und End-Zwecken frei ist und in der das Böse wie das Gute sein Recht hat. Die Zweckfremdheit der Kunst- wie der Naturschöpfung ist ihm oberste Maxime, und das ihm eingeborene dichterische Talent betrachtet er »ganz als Natur«, als eine Gabe der Allmutter, die Gutes und Böses gleichmütig umfaßt. Seine frühe Begeisterung für Shakespeare gründet hier; und in die Zeit hinaus hat Goethes Natur-Ästhetizismus und Anti-Moralismus sehr stark auf Nietzsche, den Immoralisten, gewirkt, der weiter gehen und das *Vorrecht* des Bösen, vor dem Guten, seine überwiegende Wichtigkeit für die Erhaltung und den Triumph des Lebens ekstatisch behaupten wird.

Bei Goethe, versteht sich, ist alles noch in ruhigerem, heitererem Gleichgewicht, objektive und plastische Gesinnung. Aber wie aus seiner Naturvergottung, diesem spinozistischen Pantheismus, seine Duldsamkeit kommt, seine Konzilianz, sein »läßliches« Geltenlassen, so kommt auch daher seine Kälte, der Mangel an Enthusiasmus und ideellem Schwung, den viele ihm zum Vorwurf machten, seine Ideenverachtung, sein Haß auf das Abstrakte, das ihn lebensmörderisch dünkt. »Allgemeine Begriffe und großer Dünkel«, lautet einer seiner Kernsprüche, »sind immer auf dem Wege, entsetzliches Unheil anzurichten.« Das ist das Motto für sein berühmtes Mißverhältnis zur Französischen Revolution. Er war durchdrungen davon, daß »die Welt, durch Vernunft dividiert, nicht aufgeht«, und war ferner überzeugt, daß »Gesetzgeber und Revolutionäre, die Gleichsein und Freiheit zugleich versprechen, Phantasten oder Charlatans sind«. Wer wollte leugnen, daß er damit an die Grundschwierigkeit der Demokratie und an das Problem rührt, das heute die Welt in ihrem Banne hält und zu einer fürchterlichen Auseinandersetzung zwischen den revolutionären Prinzipien der Gleichheit und Freiheit zu führen droht?

Tatsache ist, daß die Große Revolution als Weltereignis Goethe gequält hat wie nichts anderes in seinem Leben und ihn beinahe um sein Talent gebracht hätte – obgleich er doch durch sein sensationelles Jugendwerk, dem an den Grundfesten der alten Gesellschaft wild-empfindsam rüttelnden »Werther«, mit dem Kommenden in prophetischer Fühlung gestanden, ja geholfen hatte, es vorzubereiten. Daß man als Wirklichkeit nicht will, was man im Gefühle gewollt, ist ein immer wiederkehrendes Vorkommnis, und Goethes Stellung zur Revolution wiederholt genau die des Erasmus zur Reformation, die anzubahnen dieser so viel getan, und die er dann mit humanistischem Dégout ablehnte. Goethe selbst, bei aller persönlichen und selbst religiösen Hingezogenheit zu Luther, hat die beiden großen »Störungen« mißbilligend zusammen genannt in dem berühmten Distichon:

»Franztum drängt in diesen verworrenen Tagen, wie einstmals Luthertum es getan, ruhige Bildung zurück.«

Ruhige Bildung – nicht darum zuerst war es den Patrioten zu tun, die Deutschland zur politischen Freiheit zu erziehen wünschten, und wie er litt, so ist an ihm gelitten worden, gelitten mit Erbitterung von höchst ehrenwerten Zeitgenossen: nämlich an seiner »ungeheuer hindernden Kraft«, wie Börne es ausdrückte, an seinem Quietismus und Apolitismus, der Wucht, mit der seine Natur dem Enthusiasmus der Zeit, der national-demokratischen Idee, entgegenstand. Er war gegen Pressefreiheit, gegen das Mitreden der Masse, gegen Konstitution und Majoritätsherrschaft, war überzeugt, daß »alles Gescheite in der Minorität« sei und hielt es offen mit dem Minister, der gegen Volk und König seine Pläne einsam durchführt. Man muß ihn sehen, wie er, April 1816, nach Titel und Rang erster Minister des neuen Großherzogtums Sachsen-Weimar, bei der Verfassungsfeier zunächst dem Throne stand, aufrecht, den Stern des »Weißen Falkens« auf der Brust. Das Ganze war ihm im höchsten Grade zuwider. Er hatte seinem Herrn abgeraten, zum Wiener Kongreß zu gehen, der dann das Ländchen um mehr als die Hälfte vergrößert und Karl August zum Großherzog erhoben hatte. Aber die »Wiener Vereinbarungen« verhießen jedem deutschen Staat eine »landständische Verfassung«, und daher sah Goethe sein Land sehr ungern an sie gebunden. Staatsmännische Voraussicht kann man es nicht gut nennen, daß er den Herzog hindern wollte, zum Kongreß zu gehen. Er besaß davon überhaupt wenig. An Napoleons ewigen Stern hatte er fest geglaubt, hatte sich während der Befreiungskriege höchst unpatriotisch verhalten und gesagt: »Rüttelt nur an eueren Ketten, ihr Guten, der Mann ist euch zu groß!« – »Der Mann ist euch zu groß« – der Satz behält etwas Wahres; denn eben weil er ihnen zu groß war, wurde er mit vereinten Kräften besiegt, so daß Goethe praktisch ins Unrecht kam und im »Epimenides« Abbitte tun mußte. Auf ähnliche Weise hat er unrecht bekommen mit seinem entschiedenen Widerstand gegen frühe deutsche Einigungsversuche, gegen den Plan Friedrichs des Großen von 1784, eine Föderation deutscher Fürsten ohne und gegen Österreich ins Werk zu setzen, das heißt auf dynastisch-nationaler Grundlage und unter preußischer Führung, mit Ausschluß Habsburgs, eine deutsche Einheit zu schaffen. Das Unternehmen, für das Karl August sehr eingenommen war, verlief für diesmal im Sande. Aber genau diesen Weg ist Bismarck später gegangen; es war der

Weg der Geschichte, den Goethe nicht sah und nicht sehen wollte. Wie es aber mit der Geschichte nun immer ablaufen möge, jedenfalls besteht sie darin, daß etwas geschieht. Doch Goethe liebte die Geschichte nicht; er nannte die Politik dieser Welt einen »Wirrwarr von Irrtümern und Gewalt«.

Oft scheint es, als ob er von humanitärem Glauben an den Menschen, die Menschheit, an ihre revolutionäre Reinigung, ihre bessere Zukunft wenig oder nichts besessen hätte. Vernunft und Gerechtigkeit sind den Menschen nicht beizubringen. Ewig wird es hin und wider schwanken und des Kampfes, des Blutvergießens kein Ende sein. Wäre das nur mit pessimistischem Kummer gesagt! Aber im Grunde ist es ihm recht so, denn vom Pazifisten hat er sehr wenig. Im Gegenteil ist ihm ein Sinn für Macht, für den Streit, »bis eins dem andern Übermacht betätige«, der stark an des Wagnerschen Wotan Wort erinnert: »Denn wo kühn Kräfte sich regen, da rat' ich offen zum Krieg.« Er wußte genau Bescheid über den Krieg, das muß man einschalten, und sagte, er sei »in Wahrheit eine Krankheit, wo die Säfte, die zur Gesundheit und Erhaltung dienen, nur verwendet werden, um ein Fremdes, der Natur Ungemäßes zu nähren«. Aber persönlich bekennt er, daß es »ihn traurig mache, mit allen Leuten gut zu sein«, daß er »den Zorn brauche«. Nun, christliche Friedensliebe ist das nicht, wenn es auch lutherisch ist und bismärckisch dazu. Zur Kennzeichnung seiner Streitbegier, seiner Lust »dreinzufahren und zu züchtigen«, zu seiner Bereitschaft, gegnerische Meinungen durch Machtgebrauch mundtot zu machen und »solche Leute aus der Gesellschaft zu entfernen«, ließe sich manches beibringen. Es ist das alles, wenn man will, nur drei Schritt, oder weniger, vom Brutalen entfernt – wie sein Realismus überhaupt es war, seine Verweigerung ideeller Begeisterung, die Sinnlichkeit seines Wesens, die ihn die Brandschatzung eines Bauernhofs als wirklich und der Teilnahme wert, den »Untergang des Vaterlandes« aber als Phrase empfinden läßt.

Seine Skepsis gegen liberale Regierungsformen ist tief. Man werde finden, sagt er, daß »man von oben herab mit zu großer Güte, Milde und moralischer Delikatesse auf die Länge nicht durchkomme, indem man eine gemischte und mitunter verruchte Welt zu behandeln und in Respekt zu halten habe« – was bereits bis ins Wort hinein an Schopenhauer, seinen politischen Schüler, erinnert. In Fragen der Kriminaljustiz ist er entschieden gegen Weichheit und Schlaffheit, erzürnt sich gegen die humanitäre Neigung der Zeit, Verbrechen mit ärztlichen Zeugnissen und Gutachten an der verwirkten Strafe vorbeizuhelfen und läßt sich wohlgefällig von einem energischen jungen Physikus berichten, der die Frage, ob eine gewisse Kindsmörderin zurechnungsfähig sei oder nicht, entschlossen dahin beantwortet habe, sie sei es allerdings. – »Sie ist die erste nicht!« – Mit der Judenemanzipation, die doch von seinem großen Kaiser überall gefördert wurde, ist er wenig einverstanden. Schließlich, sagt er, werde man in Weimar gar noch eine jüdische Oberhofmeisterin haben.

Er ist Aristokrat im Verhältnis zur Masse, die er nur respektabel findet, wenn sie zuschlägt; urteilen gelinge ihr miserabel. So steht es in einem seiner gereimten Sprüche. Menge und Kultur, das reimte sich ihm nicht, denn Kultur war ihm auserlesene Gesellschaft, die sich über das Höchste diskret verständigt mit einem Lächeln ... Er ist darum auch weit entfernt zu glauben, daß seine Werke populär werden können. »Wer daran denkt und dafür strebt«, sagt er, »ist in einem Irrtum. Sie sind nicht für die Masse geschrieben, sondern nur für einzelne Menschen, die Ähnliches wollen und suchen.« Das Merkwürdige ist nur, daß er zugleich erklärt, aller Tadel, den seine Bücher, zum Beispiel sein »Werther«, erfahren, habe ihm nichts geschadet, weil solche subjektiven Urteile einzelner, wenn auch bedeutender Männer, sich durch die Masse wieder ins Gleiche gestellt hätten, *Wer aber nicht eine Million Leser erwarte, der sollte überhaupt keine Zeile schreiben!*

Wie dem nun sei: um seine persönliche Kultur und darum, »die Pyramide seines Daseins so hoch wie möglich hinaufzuspitzen«, war es ihm, wenigstens die längste Zeit seines Lebens, zu tun – nicht um die Verbesserung der Welt. Und an den Ruhm persönlicher Hochentwicklung knüpft er schließlich auch die Unsterblichkeit, während er die gemeine Menge der ewigen Vernichtung überläßt. »Wer keinen Namen sich erwarb, noch Edles will, gehört den Elementen an – so fahret hin!« Ein aristokratischeres Wort gibt es nicht. Es bezeugt den Glauben an Gnadenwahl, und wenn diese eine christliche Konzeption ist, so kehrt jedenfalls damit das Christentum seine aristokratischste Seite hervor.

Und doch ist das Christentum die Demokratie als Religion – wie man sagen kann, daß die Demokratie der politische Ausdruck des Christentums ist. Den revolutionären Sinn des Christentums erfaßt Goethe mit dem Wort: »Die christliche Religion ist eine intentionierte politische Revolution, die, verfehlt, nachher moralisch geworden ist.« Das ist objektiv bemerkt; über sein persönliches Verhältnis zum Christentum sagt es nichts aus. Man muß aber insistieren: Wie stand er dazu? Wie stand er zum Glauben, zur Frömmigkeit überhaupt? Ich möchte da einen Spruch anführen, der mir unendlich zum Herzen spricht, unendliche Sympathie erregt. Er sagt:

»Ich habe nichts gegen die Frömmigkeit,
Sie ist zugleich Bequemlichkeit;
Wer ohne Frömmigkeit will leben,
Muß großer Mühe sich ergeben:
Auf seine eigene Hand zu wandern,
Sich selbst genügen und den andern
Und freilich auch dabei vertraun,
Gott werde wohl auf ihn niederschaun.«

Er vertraut auf das obere Wohlwollen, auch wenn, oder gerade wenn, er's sich nicht im bergenden Hafen eines

Glaubens bequem macht, sondern in schutzloser Freiheit, auf eigene Hand, sein Bestes tut. Der Spruch mutet protestantisch an, und man könnte auf den Gedanken kommen, daß es heute eine protestantische Anlage und Erziehung sein mag, die einen Geist abhält, beim kommunistischen Glauben sichernde Unterkunft zu finden. Dabei ist es merkwürdig genug, wie Goethe gelegentlich den Protestantismus als eine Art von Versöhnung urgermanischen Heiden- und Herrentums mit dem Christentum darstellt.

»Den Deutschen Mannen gereicht's zum Ruhm,
Daß sie gehaßt das Christentum,
Bis Herrn Karolus' leidigem Degen
Die edlen Sachsen unterlegen.
Doch haben sie lange genug gerungen,
Bis endlich die Pfaffen sie bezwungen
Und sie sich unter's Joch geduckt;
Doch haben sie immer einmal gemuckt.
Sie lagen nur im halben Schlaf,
Als Luther die Bibel verdeutscht so brav.
— — — — — — — — — — — — — — —
Freiheit erwacht in jeder Brust,
Wir protestieren all mit Lust.«

Das klingt wirklich, als sei der Protestantismus nur eine Adaptierung des Christentums an das germanische Heidentum – von dem allerdings eine Menge in Goethe lebendig war, und für das er es an offenen und herausfordernden Bezeugungen nicht hat fehlen lassen. Wir haben sie alle im Ohr. Er hat sich einen »dezidierten Nicht-Christen« genannt, hat dem »Kreuz« seine Antipathie erwiesen, Demut und Dulden nicht als seine Sache empfunden und stolz erklärt:

> *»Hätt' Allah mich bestimmt zum Wurm,*
> *So hätt' er mich als Wurm erschaffen.«*

Sehr gut, das ist Goethe, der Aristokrat. Aber es ist ja von vornherein undenkbar, daß die Formung dieses Geistes nicht aufs stärkste mitbestimmt gewesen sein sollte durch die am tiefsten greifende Revolution, oder richtiger: Mutation, die das menschliche Gewissen und Weltgefühl je erfahren hat, und mindestens muß er darüber gedacht haben, wie Lichtenberg, der sich, in Erwägung, daß eine religiöse Creation wie die christliche auf Erden nie mehr möglich sein werde, und in Erwägung ihrer sittigenden Macht, dahin entschied: »Deshalb bleibe man dabei.« Die sittigende Macht des Christentums ist es, die Goethe hervorkehrt, als er spät im Gespräch mit Eckermann sein Verhältnis zur Religion endgültig festlegt. Auf die historische Echtheit der Evangelien in jedem Punkt, sagt er, komme es nicht an. »Es ist in ihnen der Abglanz einer Hoheit wirksam, der von der Person Christi ausging und die so göttlicher Art wie nur je auf Erden das Göttliche erschienen ist ... Mag die geistige Kultur nun immer fortschreiten, mögen die Naturwissenschaften in immer breiterer Ausdehnung und Tiefe wachsen und der menschliche Geist sich erweitern, wie er will – über die Hoheit und sittliche Kultur des Christentums, wie es in den Evangelien schimmert und leuchtet, wird er nicht hinauskommen!« – Die »sittliche Kultur« des Christentums, seine Humanität, seine sittigend-antibarbarische Tendenz war es, vor der er sich beugte, denn es war die seine, und jene Huldigungen entstammen ohne Zweifel einem Gefühl der Bundesgenossenschaft, der Einsicht in die Verwandtschaft der Sendung des Christentums innerhalb der völkisch-germanischen Welt mit seiner eigenen. Es ist eine im tiefsten Wesen demokratische Sendung, denn die Neigung zum Niedrigen, die Erhebung des Leidens, ist dem Christentum eingeboren, und nichts kann christlicher, nichts aber auch im höchsten Sinn demokratischer sein als Goethes Ausspruch: »Alles Leiden hat etwas Göttliches.«

Sein Christentum, als natürliches Ingrediens seiner Persönlichkeit, hat protestantische Färbung. Er ist Protestant von Kultur, wie ja ein Werk gleich den Leiden Werthers ohne eine lange Schule pietistischer Introspektion nicht denkbar ist. Sehr richtig hat Nietzsche Goethes geistigen Ort als gelegen »zwischen Griechentum und Pietismus« bestimmt. Auffallend ist aber, daß er beim Protestantismus, beim Luthertum, die demokratische Tendenz am entschiedensten betont und bei seiner Kritik der katholischen Kirche und ihrer Hierarchie plötzlich auf die »unteren Massen« zu sprechen kommt. »Die Kirche will herrschen«, sagt er mit einem gewissen politischen Verständnis, »und da muß sie eine bornierte Masse haben, die sich duckt und geneigt ist, sich beherrschen zu lassen. Die hohe, reich dotierte Geistlichkeit fürchtet nichts mehr als die Aufklärung der unteren Massen. Sie hat ihnen auch die Bibel lange genug vorenthalten, so lange wie irgend möglich. Was sollte auch ein armes christliches Gemeindeglied von der fürstlichen Pracht eines reich dotierten Bischofs denken, wenn er dagegen in den Evangelien die Armut und Dürftigkeit Christi und seiner Jünger sieht! – »Wir wissen gar nicht«, ruft er, »was wir Luther und der Reformation im allgemeinen alles zu danken haben. Wir sind frei geworden von den Fesseln geistiger Borniertheit, wir sind ... fähig geworden, zur Quelle zurückzukehren und das Christentum in seiner Reinheit zu erfassen ...« Was Luther gebracht hat, ist religiöse Demokratie, und Goethe bejaht sie. Soviel feiner, vornehmer, delikater er ist als der Volksmann und Grobian von Wittenberg – seine Hingezogenheit zu ihm ist tief und echt; eine national-persönliche Verwandtschaft, ein Wiedererkennen ist da im Spiel. Er nimmt als Jüngling die Bibelübersetzung in den »Faust« auf und hielt allezeit Luthers Sprachwerk, dessen Erbe und verfeinernder Fortentwickler er war, in hohen Ehren, indem er hinzufügte: »Nur das Zarte darin hätte ich allenfalls besser gemacht.«

Und doch ist sein Protestantismus nicht ganz zuverlässig: er läßt zuweilen der Bewunderung Raum – nicht sowohl für die ästhetischen Vorteile, als vielmehr für die demokratisch-gemeinschaftsbildenden Kräfte katholischen Lebens. Sie sind stärker, beglükkender, findet er dann auf einmal, als die des protestantischen. »Man müßte gleich katholisch werden«, ruft er, »um Teil an der Existenz der Menschen zu haben. Sich unter sie mischen, gleichgestellt, ein Leben auf dem Markt, im Volk. Was wir in den kleinen souveränen Staaten für elende, einsame Menschen sind!« Und er preist Venedig als Monument nicht eines Befehlenden, sondern eines Volkes.

«Ein Leben im Volk« – auch das ist Goethe, ist es von früh an. Kinder, Volk, Natur, das war die Liebe, die *erwiderte* Liebe des Werther-Jünglings, und man braucht nicht an die warmen Volksszenen im »Egmont« und »Faust« zu denken, man muß nur denken an sein persönliches Wohlsein bei volkstümlichen Anlässen, wie etwa beim Rochus-Fest zu Bingen, um zu erfahren, was es ihm bedeutet, mit dem Volk zu sein, umschlossen von ihm bei Vogelschießen und Brunnenweihe; wie sehr er das Volkhafte als trauliches Naturelement, nährendes Tal des Unbewußten und der Verjüngung empfindet. »Im Bewußtsein«, sagt er, »kann der Mensch nicht lange verharren; er muß sich zuweilen wieder ins Unbewußte flüchten, denn darin lebt seine Wurzel.« – Könnte Schiller den Satz gesprochen haben – der stolze Kranke, der Aristokrat des Geistes, der große, rührende Narr der Freiheit? »Er hatte«, äußert Goethe lächelnd zu Eckermann, »das merkwürdige Glück, als besonderer Freund des Volkes zu gelten, war aber, unter uns, weit mehr ein Aristokrat als ich.«

Das ist wahr, ohne so ganz die Wahrheit zu sein. Denn die konservative Liebe zum Volkselement, wie Goethe sie kannte und hegte, ist etwas anderes als die ideelle und revolutionäre Liebe zur Menschheit, die Schillers pathetische Sache war, und die seine Art von Volkstümlichkeit bestimmte, indem sie ihn zum Sänger eines politisch emanzipierten, die ökonomische Freiheit erobernden Bürgertums machte. Goethe hatte davon nur das Wissen, nicht die Begeisterung: ein neutrales Bescheidwissen, das ihn 1792, nach der Entscheidung von Valmy, dem Siege der Revolution über die alten Mächte Europas, zu seiner militärischen Umgebung sagen läßt: »Von hier und heute beginnt eine neue Epoche der Weltgeschichte, und ihr könnt sagen, ihr seid dabei gewesen.« »Der König flieht, der Bürger triumphiert« – er wußte es, und willigte mehr darein, als daß er es begrüßte. Ein nützliches Aevum kommt jetzt herauf, das es mit Geld und Verkehr, Geist, Handel und Wohlstand zu tun hat, und gegen das er nichts einwenden will, vor allem nicht, weil die Tendenz zur Weiträumigkeit ihn verwandt und sympathisch anspricht, seinem expansiven Bedürfnis entgegenkommt. »Weltliteratur« – dies Wort, das er kreiert, das er als Tatsache halb und halb als Forderung in die Zeit stellt –, ist es nicht vor allem der Ausdruck seines persönlichen Zuges ins Weltweite, der sich in seinem Alter mehr und mehr verstärkt? Gelegentlich spricht er von einem »Freihandel der Begriffe und Gefühle«, was einer charakteristischen Übertragung liberalökonomischer Grundsätze auf das geistige Leben gleichkommt. Das neunzehnte Jahrhundert spricht daraus, das Jahrhundert der Ökonomie und Technik, in das der Sohn des achtzehnten ein Menschenalter weit hineinlebte, und das er bis weit über die Grenzen seines persönlichen Lebens, ja bis über die Grenzen des Jahrhunderts selbst hinaus, bis in nachbürgerliche Zeiten hinein verstand und seherisch ankündigte.

Goethe hatte eine eigentümliche Art, das Wissen um den Willen der Zeit gleichzusetzen mit dem Gehorsam gegen ihn, mit der Verpflichtung, ihm zu dienen, ihn zu fördern und »die Epoche zu beschleunigen«. So ist sein Bescheidwissen über die Weltstunde, über das, was die Glocke geschlagen hat, zugleich Progressivität, und er hat sehr recht, sich den Titel eines »Freundes des Bestehenden« nebst allem, was es jederzeit an Überlebtem und Schlechtem enthält, energisch zu verbitten. »Die Zeit«, sagt er, »ist in ewigem Fortschreiten begriffen, und die menschlichen Dinge haben alle fünfzig Jahre eine andere Gestalt, so daß eine Einrichtung, die im Jahre 1800 eine Vollkommenheit war, schon im Jahre 1850 vielleicht ein Gebrechen ist.« – Die Aufmerksamkeit auf Veränderungen im Bilde der Wahrheit und des Rechten und der intelligente Gehorsam, der ihnen Rechnung trägt – das ist eigentlich seine politische Religion. Daher seine Entscheidung: »Es gilt im Grunde doch nur vorwärts!« Daher seine Ungeduld mit den ewig Gestrigen, denen er zuruft:

»Das ist doch nur der alte Dreck,
Werdet doch gescheiter!
Tretet nicht immer denselben Fleck,
So geht doch weiter!«

Er ist immer weiter gegangen, konnte, dank seiner vitalen Ausdauer, viel weiter gehen als Schiller, der mit bloßen 46 Jahren aus der Zeit ging. Die moralisch-politische Entwicklung des Überlebenden und nie Stillestehenden spiegelt sich in dem früh begonnenen und spät abgeschlossenen großen Bildungsroman, im »Wilhelm Meister«, diesem Lebenswerk, das ihn, wie der »Faust«, durch die Jahrzehnte begleitet und sehr verschiedene geistige Stadien durchläuft. Es ist da ein bestimmter Punkt, um 1795, als er so alt ist, wie Schiller bei seinem Tode, wo die Umwandlung des Theaterromans in einen sozialen Problemroman großen Stils sich vollzieht, und als er mit 58 Jahren die Arbeit an den »Wanderjahren« wieder aufnimmt, ist er ein völlig anderer als der junge Theaterenthusiast, der nichts beabsichtigt hatte, als die Welt dionysischer Zigeuner, die Kulissenwelt zu schildern, wie sie noch nicht geschildert worden war. Das Werk bleibt ich-bezogen insofern es Erziehungsgeschichte, ein intellektueller Abenteurer- und Experimentalroman bleibt. Aber die Gesichtspunkte sind völlig verändert. Es wetterleuchtet in dem Buch von Ideen, die weit abführen vom ästhetischen Kult des Persönlichen, von allem, was man unter bürgerlicher Humanität versteht, weitab von dem klassischen und bürgerlichen Kulturbegriff, den zu schaffen und zu prägen Goethe selbst in erster Linie behilflich gewesen war. Ein lebenswillig-neugieriges Erspüren dessen ist da, was »an der Zeit« ist, was, im Moralischen und im Äußerlich-Lebenstechnischen, kommen will, und was zu beschleunigen also jeder sich angelegen sein lassen muß, sei es auch auf Kosten lang gehegter, aber abgelebten Zeiten angehöriger Ideale. Da haben wir die berühmte »Entsagung«, dies Lieblingsmotiv des Goetheschen Alters. Entsagung, das ist die Selbstüberwindung der individualistischen Humanität, der Verzicht auf das Ideal privat-menschlicher Allseitigkeit und die Proklamierung eines Zeitalters der Einseitigkeit. Das Ungenügen am Individuum ist da, das heute herrscht, der Einzelne wird Funktion, es kommt darauf an, was durch ihn für die Kultur zu leisten ist; der Begriff der Gemeinschaft tritt hervor, des »Bandes«, des Kollektivs, und der jesuitisch-militärische Geist der »Pädagogischen Provinz«, musisch durchheitert wie er ist, läßt vom individualistischen und »liberalen«, vom bürgerlichen Ideal kaum etwas übrig.

Vor allen Dingen spielt der Roman bereits zwischen den Kontinenten, die neue Welt, Amerika, ist ins Blickfeld gerückt, und die Idee der Auswanderung dorthin, zu der am Ende die Mehrzahl der Personen sich entschließt, wird zum Hauptmotiv. Goethe und Amerika, Goethe als Amerikaner – es ist eine verblüffende Zusammenziehung und Vorstellung; denn er ist ja der Erzeuropäer, nichts »Kontinentaleres« ist zu erdenken als seine Gestalt, und bis zuletzt, noch spät in den »Wanderjahren«, hat er der europäischen Kultur seine Liebe und Huldigung dargebracht – dieser »unschätzbaren Kultur, seit mehreren tausend Jahren entsprungen, gewachsen, ausgebreitet, gedämpft, gedrückt, nie ganz erdrückt, wieder aufatmend, sich neu belebend und nach wie vor in unendlicher Tätigkeit hervortretend.« Es ist ein wahrer Lobgesang. Und doch wird mindestens seit der Jahrhundertwende und ihren Erschütterungen und Einstürzen klar, daß ihm nichts Gutes schwant von wegen Europas, daß sein Glaube an dessen Zukunft wankt, daß es ihm eng und ängstlich wird in dem schwierigen Erdteil, und Fluchtgedanken sich in ihm regen. Die Flucht spielt ja eine merkwürdige Rolle in seinem Leben: Er flieht in die Schweiz zur Zeit Lili Schönemanns, später flieht er Hals über Kopf nach Italien, und Europa-Flucht ist es schon, wenn es im ersten Liede des »Diwan« heißt:

»Flüchte du, im reinen Osten
Patriarchenluft zu kosten.«

Nun ist Amerika das Ziel innerer Flucht, dies Land, weit drüben, weit draußen, das sich eben erst seine Unabhängigkeit erkämpft – und dessen Sieg für Recht und Freiheit er in »Dichtung und Wahrheit« *eine Erleichterung für die Menschheit* genannt hatte. Ein demokratischer empfundenes Wort gibt es nicht. Die Flucht dorthin bleibt Phantasie- und Gedankenwerk, aber ausdrücklich schiebt er es nur auf sein Alter, daß er sich nicht wirklich zur Auswanderung entschließt. »Wären wir zwanzig Jahre jünger«, sagt er 1819 zum Kanzler von Müller, »so segelten wir nach Amerika.« Es ist dasselbe Jahr, in dem er, was wenig bekannt ist, die Sammlung seiner Werke der Harvard-Universität widmet und in dem Begleitschreiben die Staaten »ein wundervolles Land« nennt, »welches die Augen aller Welt auf sich zieht durch einen feierlichen gesetzlichen Zustand, der ein Wachstum befördert, welchem keine Grenzen gesetzt sind«. Und später erwägt er im Gespräch mit dem jungen Freunde Sulpiz Boisserée: »Was möchte daraus geworden sein, wenn ich mit wenigen Freunden vor dreißig Jahren nach Amerika gegangen wäre und von Kant usw. nichts gehört hätte!»

Das erinnert an die Verse in jenem Eingangsgedicht zum Westöstlichen Diwan:

»Dort im Reinen und im Rechten
Will ich menschlichen Geschlechten
In des Ursprungs Tiefe dringen,
Wo sie noch von Gott empfingen
Himmelslehr' in Erdesprachen,
Und sich nicht den Kopf zerbrachen.«

Und sich nicht den Kopf zerbrachen. Das ist es. Der Brückenwurf hinüber nach Amerika ist das Verlangen fort aus der altersmüden Kompliziertheit, dem Gedankengram, der mit geistiger und historischer Tradition überbürdeten und schließlich von Nihilismus bedrohten europäischen Welt in eine Welt der Voraussetzungslosigkeit, der Natürlichkeit, Einfachheit, ja der Einfalt und unbekümmerter Jugendkraft. Es war in der Flucht nach Italien schon viel von diesem Durst nach dem Naiven und Natürlichen, der sich nun Luft macht in den viel zitierten Versen:

»Amerika, du hast es besser,
Als unser Kontinent, der alte,
Hast keine verfallenen Schlösser
Und keine Basalte.
Dich stört nicht im Innern
Zu lebendiger Zeit
Unnützes Erinnern
Und vergeblicher Streit.«

Lebendige Zeit, das ist es. Nach neuen Dingen steht diesem Konservativen der Sinn, sein Greisenalter ist voll von lebendiger Neugier, von Widerwillen gegen »verstorbenes Zeug«, von ungeduldigem Gefühl für die Notwendigkeit der *Ernüchterung* einer an verdumpften und das Leben hindernden Seelentümern krankenden Welt; und eine Lust am Weltweit-Technisch-Rationalen verbindet sich damit, die persönlich nicht ganz neu ist – denn in »Dichtung und Wahrheit« erzählt er, daß er früh schon Vergnügen an ökonomischen und technischen Betrachtungen *gefunden* habe –, die aber jetzt so beherrschend wird, daß an dem Tisch dieses oft so steifen und feierlichen Grandseigneurs aus dem achtzehnten Jahrhundert von Dampfschiffen und ersten Versuchen mit einer Flugmaschine, von utopisch-welttechnischen Problemen und Projekten, vom Panama-, vom Suez-Kanal und der Verbindung von Donau und Rhein fast mehr und angelegentlicher die Rede ist als von Literatur und Poesie. Kann es auch wundernehmen bei dem Dichter des letzten Faust, der seinen höchsten Augenblick in der Verwirklichung eines utilaristischen Traumes, der Trockenlegung eines Sumpfes erblickt? »Auf freiem Grund mit freiem Volk zu stehen« – das mutet außerordentlich amerikanisch an. Die Zukunft gehört dem Menschen des Tages, dessen Sinn und »praktischer Verstand« auf das Nächste, Nützliche gerichtet ist; sie gehört einer von des Gedankens Blässe nicht angekränkelten Tatkraft. Nicht Deutschland nur, ganz Europa ist Hamlet, und Fortinbras, das ist Amerika.

Nein, es war keine Täuschung, wenn wir Goethes Lebensfreundschaft, seine Gabe, to make a success of things, seinen Willen zu überleben, statt poetisch in Stücke zu gehen, als einen demokratischen Zug, ja als das entscheidende Merkmal dafür empfanden, daß die europäische Demokratie ihn zu den ihren zählen darf. Eine großartige Gutwilligkeit ist ihm eigen, von der zu lernen Heil und Rettung wäre für eine Zeit, in der so viel böser Wille, so viel verbissene Widersetzlichkeit gegen die Forderungen des Lebens braut und brütet, wie in der unsrigen. Denn ein anderer Name für diese Gutwilligkeit, diese Lebensfreundschaft ist: Liebe. Dies Wort, am häufigsten wiederkehrend, wie man ausgerechnet hat, in seinem Werk, steht geschwisterlich neben dem Worte »Leben«. »Lebendiges laßt uns lieben!« So klingt es aus seiner Ewigkeit in unseren Tag herüber, und aufs volkstümlichste spricht er das sittlich Wahrste aus in einer seiner gereimten Maximen:

»Wer Recht will tun, immer und mit Lust,
Der hege wahre Lieb' in Sinn und Brust.«

Das hat nichts Mephistophelisches – so wenig, wie von dieser höhnischen Gegenstimme etwas ist in dem reinen Anruf:

»Edel sei der Mensch,
Hilfreich und gut!
Denn das allein
Unterscheidet ihn
Von allen Wesen,
Die wir kennen.
— — — — — —
Unermüdet schaff' er
Das Nützliche, Rechte,
Sei uns ein Vorbild
Jener geahneten Wesen!«

Habe ich unrecht, in diesen Versen den höchsten Ausdruck aller Demokratie zu sehen? Mein Eindruck war immer, daß alles, was anti-demokratisch lautet und wirkt in der Dialektik von Goethes Persönlichkeit, dem Part des Mephistopheles angehört und eben nur dem Negativen zu seinem dramatischen Recht verhilft. Wie der widrige Begleiter den Faust verspottet, der an Kaisers Hof gern zum Glück der Menschen regieren, im Bunde mit der Macht auf Erden das Bessere, das Edel-Wünschbare herstellen möchte, da ist ihm die Antwort vorgesehen:

»So höre denn, wenn du es niemals hörtest:
Die Menschheit hat ein fein Gehör,
Ein reines Wort erreget schöne Taten.
Der Mensch fühlt sein Bedürfnis nur zu sehr
Und läßt sich gern im Ernste raten.«

Genau so könnte im »Vorspiel im Himmel« der Herr selber, das Positive, die schöpferische Güte dem Teufel erwidern, und mit ihr hält es unser erhabener Freund, mit dem Positiven hält er es – er hat keine Lust, und es ziemt ihm nicht, in der Opposition zu sein.

Halten wir es mit ihm, mit seiner Vornehmheit und seiner Sympathie! Wir werden dann niemals das Unglück haben, in Opposition zu stehen gegen Liebe und Leben.

MATTHIAS WEGNER: WEGGEFÄHRTEN

Thomas Manns politische An- und Einsichten bis 1933 waren, um es vorsichtig zu sagen, wechselhaft und widersprüchlich. Zwar hatten sich seine beschwörenden Hoffnungen in die brüchigen republikanischen Mauerreste von Weimar bis zuletzt leidenschaftlich gesteigert, doch blieb seine Stimme nach dem Beginn des Schweizer Exils, trotz aller Abscheu vor der nationalsozialistischen Apokalypse, erst einmal vieldeutig. Als ihn am 8. Mai 1934, ein Jahr nach Thomas Manns Emigration, Rudolf Olden zu einem internationalen Schriftsteller-Kongreß nach Schottland einlud, verweigerte sich der Nobelpreisträger diesem Ansinnen noch mit den Worten: »Ich habe all dergleichen recht satt. Seit ich die deutschen Amtlichkeiten losgeworden, die ich nur aus sozialer Gutwilligkeit, nicht aus innerer Neigung zum Organisatorischen und Offiziellen auf mich genommen hatte, ist es mein Wunsch, als Privatmann lebend meine persönlichen Aufgaben zu Ende führen zu können.« Thomas Mann war jetzt neunundfünfzig Jahre alt, hatte in München Haus und Hof eingebüßt, hoffte noch zaghaft auf eine Wende in Deutschland, wollte seine dortigen Leser (und Einnahmen) nicht verlieren und kümmerte sich erst einmal vordringlich um sich, sein Werk und seine Familie.

Zwei Jahre später – welche Wandlung! Nach einem ärgerlichen Hin und Her zwischen Leopold Schwarzschild in dessen Zeitschrift *Das Neue Tagebuch* und einigen Emigranten, das sich an der Aufteilung des S. Fischer Verlages entzündet hatte, glaubte ein von allen guten Geistern verlassener Eduard Korrodi, damals Feuilleton-Chef der *Neuen Zürcher Zeitung*, am 3. Februar 1936 die deutschsprachigen Exil-Autoren wortreich herabsetzen zu müssen. Emigriert seien doch »nur« die jüdischen Schriftsteller und die »Romanindustrie«. Schon das wirkte auf Thomas Mann – und erst recht seine ihn bedrängenden Kinder Erika und Klaus – wie ein mittleres Erdbeben. Es provozierte die Aufforderung zu einer deutlichen Solidarisierung mit allen Mühseligen und Beladenen. Die Hoffnung auf einen Rückzug ins Private war zerstoben. Die politische Rolle Thomas Manns innerhalb der Emigranten war nun festgelegt. Nicht zuletzt seine beherzte Verteidigung alles Jüdischen machte ihn zu *dem* Repräsentanten der Verfolgten. In seinem Protest gegenüber Korrodi hatte er noch daran gezweifelt, ob die Nazis es wagen würden, »mir vor aller Welt mein Deutschtum abzusprechen«. Mit der Aberkennung der Ehrendoktorwürde durch einen Brief der Philosophischen Fakultät Bonn war dazu am 19. Dezember 1936 der Anfang gemacht. Thomas Manns Antwort auf dieses unsägliche Dokument geistiger Barbarei markiert nicht nur den Beginn seiner eigenen Einmischung in Fragen der Politik, sondern veränderte auch die weltweite Wahrnehmung der anfänglich mit mancherlei Argwohn aufgenommenen Emigranten. Die Antwort vom 1. Januar 1937 war mehr als eine messerscharfe, stilistisch brillante Abrechnung mit Nazi-Deutschland, ein historisches Dokument von Würde und Adel des Geistes. Sie war auch ein hellsichtiger Verweis auf das Kommende: »Sinn und Zweck des nationalsozialistischen Staatssystems« sei es allein, »das deutsche Volk ... ›für den kommenden Krieg‹ in Stellung zu bringen«. Immerhin finden sich in diesem Brief noch Rudimente der Hoffnung auf eine bessere Fügung. Wenig später war es auch damit vorbei. Das Jahr 1937 brachte die entscheidende Wende in Thomas Manns Einstellung gegenüber Hitler-Deutschland. Die (durch eine Agentur vermittelte!) Einladung zu einer Vortragsreihe in den USA ließ die Rede »Vom zukünftigen Sieg der Demokratie« entstehen. Was für uns heute so selbstverständlich klingt, war erst nach langem Zögern formuliert worden – Thomas Mann kämpfte um diese Gewißheit insgeheim ein letztes Mal mit sich. »Glaube ich daran?« vertraute er seinem Tagebuch an. Doch die Weichen waren gestellt: »Die soziale Erneuerung der Demokratie ist *Bedingung* und *Gewähr* ihres Sieges.« Die Forderung nach einer *sozialen* Erneuerung der Demokratie beendet auch endgültig den Positionsstreit mit Bruder Heinrich. Zumindest politisch standen beide jetzt auf der gleichen Seite, was durch das gemeinsame Schicksal des Exils täglich verstärkt wurde. Uns Heutigen mag die Parole etwas zu pathetisch klingen. Ohne sozialen Wandel ist keine Demokratie gesichert. Gerne wüssten wir, wie Thomas Mann unsere heutige Verfasstheit gesehen hätte. Vermutlich hätte ihn ihre Fragilität, die wieder und wieder aufquellende Gefahr von rechts außen, ebenso beunruhigt wie uns.

Der Goethe-Rede von 1949, zuerst in Oxford, dann auch in Deutschland gehalten, ging eine anhaltende, intensive und immer genauere gedankliche Auseinandersetzung mit Fragen der Demokratie im Angesicht des Totalitarismus voraus – im essayistischen ebenso wie im Brief- und Erzählwerk.

Will man Thomas Manns politische Wende nach 1937 noch einmal nachvollziehen, so rückt ein zeitweiliger Weggefährte wieder in den Blick, dem seine berufliche Zunft von heute mehr schuldet als nur eine schwache Erinnerung: der Verleger Emil Oprecht. Im Winter 1937 hatte Thomas Mann in Arosa damit begonnen, mit Hilfe einer reichen Dame aus Luxemburg (die er durch den in Paris lebenden Schriftsteller Joseph Breitbach kennengelernt hatte) die Gründung einer Zeitschrift vorzubereiten, welche seinen Auffassungen von dem, was jetzt not tat, entsprechen sollte: *Maß und Wert.* Das war in den unwirtlichen Zeiten der deutschen Literatur im Exil ein gewagtes Unterfangen. Es gab viele Exilzeitschriften, doch ihre Lebenszeit war kurz bemessen. Thomas Mann wollte

Herausgeber des Magazins sein, die Redakteure Ferdinand Lion und, nach ihm, der Sohn Golo gestalteten die zweimonatig erscheinenden Ausgaben. Sie erschienen im Verlag Emil Oprechts und standen in Ermangelung eines ausreichenden Leser-Marktes von Anfang an auf sehr schwachen Beinen.

Der Schweizer Oprecht hatte schon 1925 in Zürich eine Versandbuchhandlung und einen Verlag gegründet, kümmerte sich aber seit dem Beginn des »Dritten Reiches« als fürsorglicher Partner, Seelentröster und Finanzhelfer insbesondere um die literarischen Emigranten aus Deutschland. Er wurde zu ihrem Verleger. Von den 300 zwischen 1933 und 1945 in seinem Verlag publizierten Autoren zählte ein Drittel zu den Flüchtlingen aus Deutschland. Gewiß, es fanden sich auch einige erfolgreiche Autoren darunter – z. B. Konrad Heiden oder Hermann Rauschning –, doch die meisten Bücher blieben nur schwer verkäuflich und sorgten für hohe Verluste. Doch die Widerstände gegen Oprechts bewundernswertes, selbstloses Wirken waren noch größer: Die Schweizer Landesregierung machte ihm das Leben schwer und behinderte seine Verlagspläne. Sie verwarnte ihn wiederholt und bezichtigte ihn der Verletzung der Neutralität. Schweizer Autoren warfen ihm vor, zu wenig »schweizerisch« zu sein. Aber der humanistisch gesonnene Sozialist (in dessen Europa Verlag 1942 auch Willy Brandts Buch *Krieg in Norwegen* erschien) blieb unbeugsam. Als deutsche Emigranten

1940 in Frankreich vor Hitlers Truppen in den Süden flohen, war es oft Emil Oprecht, der die Ausgabe von Pässen zur weiteren Flucht in andere Länder veranlaßte. Er reiste durch Europa, um einzugreifen, wo immer es möglich war. Man achtete ihn auf alliierter Seite hoch. Er war eine Art Brückenkopf der deutschen Exilliteratur zur Welt und den Bedrohten ein Fels in der Brandung.

Thomas Mann und mit ihm sein Sohn Golo standen während ihrer Zürcher Exilzeit sowohl beruflich wie privat in enger, freundschaftlicher Verbindung mit Emil Oprecht und dessen nicht weniger hilfsbereiter, gastfreundlicher Frau Emmie. Das Verlags- und Privatgebäude in der Zürcher Rämistrasse 5 war – ähnlich wie, vor seiner Ermordung durch die Nationalsozialisten, Emanuel Queridos Verlag in Amsterdam – immer wieder Anlaufstation von Hilfesuchenden. In der Nachbarschaft steht das Schauspielhaus Zürich, dessen Verwaltungsratspräsident und kaufmännischer Direktor Emil Oprecht ebenfalls war und dessen Bedeutung für das deutsche Theater im Exil einzigartig geblieben ist. Die Oprechts waren überall anzutreffen, wo man sie brauchte, und korrespondierten in Sorge um die Bedrängten mit aller Welt. »Humane Liberalität und soziale Demokratie« hat Carl Zuckmayer dem Verleger bescheinigt, und auch Thomas und Katia Mann (die beide auch keine Gelegenheit ausließen, verfolgten Schriftstellern zu helfen) trafen sich mit den Oprechts zu engem Gedankenaustausch, wechselten später freundschaftliche Briefe und ließen es an öffentlich geäußerter Wertschätzung nicht fehlen.

Maß und Wert hat sich nur drei Jahre lang halten können, dann zerbrach die Zeitschrift endgültig an dem immer fragiler gewordenen Emigranten-Markt. Thomas Mann und seine Frau waren von Zürich in die USA übersiedelt, Golo hielt in der Redaktion noch eine Zeitlang die Stellung, bevor auch er, nach gefährlichen Umwegen, gemeinsam mit seinem Onkel Heinrich das rettende Schiff in die Freiheit erreichen konnte.

Sowohl der Brief nach Bonn als auch der Text über die Zukunft der Demokratie wurden in *Maß und Wert* abgedruckt, und es fehlte auch nicht an Versuchen Oprechts, Thomas Manns »Hauptverleger« zu werden. Das allerdings scheiterte an dessen Treue zu seinem inzwischen ebenfalls emigrierten Verleger Gottfried Bermann-Fischer. Der Europa Verlag Oprechts überstand die Jahre des »Dritten Reiches« trotz aller behördlichen und öffentlichen Anfechtungen, trotz wiederholter Verluste seiner Bücherlager im deutschen Machtbereich und eröffnete nach dem Ende des Krieges wieder Zweigstellen in Deutschland und Österreich. Er wäre vielleicht zu einem der größten und anspruchsvollsten deutschen Verlage aufgestiegen – wenn eine tödliche Krankheit das Leben des erst siebenundfünfzigjährigen Emil Oprecht nicht ausgelöscht hätte. Thomas Mann hielt 1952 die Trauerrede in Zürich und rühmte noch einmal »diese Gesinnung, die Tüchtigkeit erst lebenswürdig macht: sie war gesonnen, dem Guten, Wahren, Schönen den Weg zu bereiten, und das machte den Mann der Tat uns Träumern zum Freund«.

Als sich viele Jahre nach Oprechts Tod die deutsche Exil-Forschung spät, aber nicht zu spät zu beleben begann, führte der Weg vieler junger und älterer Spurensucher wieder in die Zürcher Rämistrasse, wo Emmie Oprecht, die Witwe, in ihrem bescheidenen, mit Briefen und Büchern vollgestapelten engen Büro noch immer residierte und jeden Wunsch nach Materialrecherchen ebenso gewissenhaft wie freundlich erfüllte. Das Büro in der Rämistrasse 5 gibt es nicht mehr. Der Verlag mußte neue Wege einschlagen.

Dieser Band erinnert noch einmal an eine fruchtbare Freundschaft und eine verlegerische Legende. Es stünde dem deutschen Verlagsbuchhandel gut an, für tapfere, die Kräfte des Humanismus und der Demokratie unterstützende Verleger einen »Emil-Oprecht-Gedächtnis-Preis« auszusetzen. Eine höhere Ehrung für Büchermacher von heute ließe sich schwerlich denken.

MIX
Papier | Fördert gute Waldnutzung
FSC® C083411
www.fsc.org

Der Umwelt zuliebe
- produzieren wir zu über 90 % in Deutschland
- achten wir auf kurze Transportwege
- drucken wir auf Papier aus nachhaltiger Waldwirtschaft und anderen kontrollierten Quellen

Briefwechsel mit Bonn, Europa Verlag AG Zürich, 1936
Vom zukünftigen Sieg der Demokratie, Europa Verlag AG Zürich, 1937
Goethe und die Demokratie, Europa Verlag AG Zürich, 1949

Bibliografische Information Der Deutschen Bibliothek

Die Deutsche Bibliothek verzeichnet diese Publikation in der Deutschen Nationalbibliografie; detaillierte bibliografische Angaben sind im Internet über http://dnb.ddb.de abrufbar.

2. Auflage

Umschlaggestaltung: Hauptmann & Kompanie Werbeagentur, Zürich
Druck und Bindung: CPI, Leck
ISBN 978-3-95890-602-0

Ansprechpartner für Produktsicherheit
Europa Verlage GmbH
Monika Roleff
Johannisplatz 15, 81667 München
Tel.: +49 (0)89 18 94 733-0
E-Mail: info@europa-verlag.com
www.europa-verlag.com

LESEPROBE

Antonia Grunenberg

DEMOKRATIE ALS VERSPRECHEN

Warum es sich lohnt,
für die Freiheit zu kämpfen

»Wach auf mein Herz und denke.«
Andreas Gryphius

Einen Essay über Demokratie zu verfassen in einer Zeit, in der die Demokratie aus verschiedenen Gründen in vielen Ländern bedroht oder manipuliert wird, bedeutet, dass man diese Ereignisse und Erfahrungen beim Schreiben mitnimmt, so auch die täglichen Nachrichten, Gespräche, Kurztexte in elektronischen Medien.

Drei Kontexte haben mich beim Schreiben dieses Essays begleitet:

- Die Pandemie und ihre Auswirkungen auf die Freiheit;
- der russische Krieg gegen die Ukraine und dessen Auswirkungen auf die europäischen Demokratien;
- die Entmündigung der Bürger angesichts ihrer technologischen Ermächtigung.

Als die Infektionszahlen stiegen und die herzzerreißenden Fotos der in Plastiksäcken aufgestapelten Corona-Toten im Hinterhof eines Krankenhauses in Bergamo weltweit in den Abendnachrichten erschienen, als die hektischen Debatten über die Beschränkung der Freiheitsrechte und über die Notstandsrechte des Staates begannen, als es schien, das nackte Überleben hätte über die Freiheit gesiegt, da hatte ich Angst um die Demokratie in Deutschland, in Europa. Ich befürchtete, dass allzu viele das kostbare Gut der Freiheit dem biologischen Überleben opfern würden. Ich ärgerte mich über den vorauseilenden Gehorsam derjenigen, die verkündeten: Jetzt muss die Demokratie zurückstehen; die Erhaltung des Lebens steht über der Freiheit – und nicht neben ihr.

Es ist alles nicht so schlimm gekommen; auch in den bedrückendsten Zeiten gab es genügend Zank und Streit im Parlament, zwischen Bundesregierung und Landesregierungen, in den Medien, die bewiesen, dass eben nicht *durchregiert* wurde: Die Demokratie funktionierte, Argumente wurden ausgetauscht; immer neu wurde darüber gestritten, welche Maßnahmen angemessen seien – und welche anderen zu unzumutbaren Freiheitsbeschränkungen führen würden.

Als das Damoklesschwert der verpflichtenden Impfung über allen schwebte und man sich um die Freiheitsrechte der Impfgegner und um die Rechtsgleichheit in der Republik Sorgen machen musste, entbrannte neuer Streit im Parlament, in den Ländern und in den Medien. Ich habe mich darüber ebenso gefreut wie über das Ergebnis, keine allgemeine Impfpflicht einzuführen.

Streit und Zank sind in einer Demokratie nicht nur zu ertragen, sie bereichern den Meinungsbildungsprozess, wie Wasser das Wachstum der Pflanzen ermöglicht. Nur im Dissens können die verschiedenen Positionen und Perspektiven zum Ausdruck kommen, die es braucht, um politische Entscheidungen zu treffen, das heißt politisch zu gestalten. Streit und Zank sind weder schön noch harmonisch; sie säen Unruhe, aber sie führen – im besten Fall – zu abgewogenen Entscheidungen.

Doch selbst wer die Freiheit beschränkt oder gar vernichten will, gestaltet, wenngleich in negativer Weise.

Ich habe diesen Essay auch unter dem Eindruck des Krieges verfasst, den Russland gegen die Ukraine führt. Der Krieg hat mich, obwohl ich nicht direkt darunter leide, wochenlang so gelähmt, dass ich mich nicht konzentrieren konnte. Ständig stocherte ich im WWW herum, nach neuen Nachrichten suchend; ich ging auf Protestversammlungen und Demonstrationen. Doch ich fand nicht, was ich suchte: eine ebenso einleuchtende wie endgültige Erklärung dafür, warum Russland die seinerzeit mit der Zustimmung der sowjetisch/russischen Regierungszentrale unabhängig gewordene Ukraine vernichten will.

Der anfängliche Verlauf des russischen Angriffskrieges lehrte, dass es leicht ist, eine Demokratie und ihre Zivilgesellschaft physisch zu schlagen, Millionen Einwohner eines Landes zu vertreiben. Doch wie schwer ist es andererseits, den freiheitlichen Impuls nach Bildung einer Zivilgesellschaft zu vernichten.

Der Krieg Russlands gegen die Ukraine hat vor Augen geführt, dass eine Gesellschaft, die unter die Ratio gezwungen werden soll, dass ein Teil des Landes rein russisch sei und demnach nicht zum Staatsgebiet gehöre, unter dem Druck des Krieges zu sich selbst findet. Und zwar deshalb, weil ihre Träger einer Maxime folgten, mit der sich die Völker Westeuropas schwertun: Die Verteidigung der Freiheit ist genauso wichtig wie das physische Überleben. In diesen Notzeiten fand eine Art zweiter Geburt der ukrainischen Nation (und ihrer verschiedenen Minoritäten) aus der Verteidigung gegen das imperiale Russland statt. Ein neuer Typus von Nation wurde sichtbar, der sich auf das bürgerschaftlich Gemeinsame und nicht auf die ethnische Zugehörigkeit stützte. Eine multiethnische Demokratie behauptete sich als Nation.

Die ukrainische Zivilgesellschaft hat spätestens seit dem Beginn der *Orangenen Revolution* 2004 gezeigt, was es heißt, eine Demokratie zu erkämpfen, und zwar nicht nur mit Worten, sondern mit körperlicher Präsenz gegen ein mächtiges Netzwerk kleptokratischer Oligarchen. Früher als die (west)deutsche Jugend nach dem Zweiten Weltkrieg hatte die junge Generation in der Ukraine nach dem Zusammenbruch der Sowjetunion die Demokratie entdeckt. Und sie war sich bewusst geworden, dass eine Demokratie nur so stark ist wie die Zivilgesellschaft, die sie stützt.

Zehn Jahre später war das Land mit einem russischen Angriffskrieg im Osten und im Süden konfrontiert. 18 Jahre später erfolgte ein weiterer russischer Angriff, diesmal an allen Fronten.

Manchen dämmert es hierzulande inzwischen, dass in der Ukraine um die Zukunft der europäischen Demokratien, das heißt auch der deutschen, gekämpft wird. Nur wer die Ukraine nicht zu dem *wahren* Europa zählt, sondern zu den *anderen* Staaten, die, von außen kommend, erst noch Europa werden wollen, kann darüber hinwegsehen. Gewiss, die Berichte über die Ukraine stiften seit Jahren Verwirrung, weil nicht klar ist, welches Gebiet sich eigentlich Ukraine nennen darf, wenn russische Armeen im Abstand von wenigen Jahren zweimal in das Territorium der Ukraine einfallen und Gebiete im Osten und im

Süden gewaltsam als russisch deklarieren, hörige Regimes einrichten und sich dann anschicken, weitere Gebiete zu besetzen.

Doch werden auch Reminiszenzen an eine lange zurückliegende Vergangenheit wach. Haben nicht die aufständischen Ungarn 1956 den Westen über den Äther angefleht, ihnen zu Hilfe zu kommen? Haben nicht die streikenden Arbeiter in der DDR 1953 gehofft, dass der Westen der Sowjetunion Einhalt gebiete? Haben sich nicht die Bürgerinnen und Bürger Westberlins 1961 darauf verlassen, dass *der Westen* und die westdeutsche Regierung etwas gegen die Einmauerung einer ganzen Gesellschaft im Osten unternähmen?

In Zeiten des Kalten Krieges war die Antwort klarer oder scheinbar eindeutiger als heute. Der Nachkriegsfrieden wurde erkauft mit der Duldung einer Pufferzone, die zur *sowjetischen Einflusssphäre* umdefiniert worden war. Mit dieser diplomatischen Architektur sollte ein weiterer Krieg vermieden werden. Nun liegt diese Friedensarchitektur in Trümmern. Schuldzuweisungen suggerieren, dass *der Westen*, allen voran die deutsche Regierung, schon vor Jahren hätte wissen können, dass die russische Regierung das umsetzen will, was sie schon seit der Oktoberrevolution zu sein behauptet: ein Imperium.

Was hat dieser Krieg in der Ukraine bewirkt? Er hat eine Spur der Zerstörung gelegt, er hat die ukrainische Zivilgesellschaft dezimiert und ihre Bürgerinnen und Bürger zumindest zeitweise vertrieben. Übrig blieben eine tapfere Regierung, die den Widerstand vorlebte und die dennoch ihre Gesellschaft nicht beschützen konnte – und die Bürgerinnen und Bürger, die unter Einsatz ihres Lebens ausharren, gegenseitige Hilfe leisten und um das Überleben kämpfen.

Dieser Krieg hat die Demokratie dreifach getroffen, indem er die hart erkämpfte ukrainische Zivilgesellschaft vertrieb, indem

er die demokratische Staatengemeinschaft in Westeuropa bedroht – und eine demokratische Zukunftsperspektive in Russland auf absehbare Dauer vernichtet hat.
Schon vor Beginn der Pandemie und dem russischen Krieg kam mir immer wieder der Gedanke, wie fragil Demokratien sind. Nach dem Freiheitsfest der deutschen Vereinigung habe ich in dem brennenden Asylbewerberheim in Rostock-Lichtenhagen die andere Seite der Demokratie gesehen. Direkt eben der Befreiung steht der Angriff auf die Freiheit.

Ich begriff, dass die deutsche Gesellschaft in der Realität angekommen war. Demokratie ist nicht nur schön, sie kann auch hässlich sein; vor allem ist sie anstrengend. Nach der Vereinigung musste sie in einem Teil Deutschlands neu erfunden werden.

Hatten bis dahin die christlichen Parteien, insbesondere die bayerische CSU, als höchster Auswuchs des deutschen Konservatismus gegolten, so wurde nun mit dem Aufkommen von PEGIDA und der Partei *Alternative für Deutschland* deutlich, dass in einigen Kreisen der Bevölkerung das nationale Selbstverständnis der Republik vermisst wurde. Ja, manche sahen und sehen die Nation bedroht. Die Vereinigung hatte offenbar nicht nur eine Nation zusammengefügt, sie hinterließ auch eine Leerstelle mit der Frage: Wo ist das Nationale in der Nation? Und in der Folge begannen die nationalen Gefühle immer dann hochzukochen, wenn das Fremde, das Außen, die EU zum Beispiel oder die vielen Geflohenen als zu stark empfunden wurden.

Über 30 Jahre nach der deutschen Vereinigung sind die Feinde der Demokratie inzwischen zahlreicher und lauter geworden: Beleidigte Nationalisten, Identitäre und Verschwörungstheoretiker, Neonazis, rechtsextreme Parteien, gewaltfreudige linksradikale Gruppen, ausländische bzw. inländische Terrorkommandos und hasserfüllte Einzeltäter, um nur einige zu nennen. Sie alle wollen *das System* entweder zerstören oder nach autoritären Maßgaben radikal umgestalten.

Hilft dagegen der moralische Bann gegen rechts? Hilft die Gängelung der Sprache, das *betreute Sprechen* (Joachim Gauck), das heißt das Sprechen und Denken unter Gebots- und Verbotsregeln? Ich bezweifle es.

Und was ist mit den Alarmschreien der Klimafundamentalisten, die nach dem Motto agieren, wir leben in der Apokalypse und der menschengemachte Umweltschaden muss *jetzt* beseitigt werden?

In diesem Essay lote ich die wechselvolle Geschichte der deutschen Nachkriegsdemokratie vor dem Hintergrund jahrzehntelanger eigener politischer Erfahrungen aus. Und die macht man laufend, auch als Bürgerin ohne Amt.

Wer verstehen will, was Demokratie heute ist, kann sich nicht nur auf Umfragen, Statistiken, Modelle und Theorien berufen. Ohne vielfältige und sich widersprechende Erfahrungen einzubeziehen, ohne andere westliche Demokratien in den Blick zu nehmen, verbleibt die Sichtweise in der nationalen Vogelperspektive.

Demgegenüber werde ich an markanten Schnittstellen der deutschen Geschichte Ereignisse, Bewegungen und Konflikte rekapitulieren, deren Zeugin ich war und an denen sichtbar wird, wie die deutsche Demokratie an großen Konflikten, an eigenen und fremden Fehlern gewachsen ist. Doch die Möglichkeit der Selbstzerstörung war und ist immer präsent.